초보 니터도 쉽게 완성하는 **데일리 뜨개 소품 16**

야닝야닝의
힙뜨개

초보 니터도 쉽게 완성하는 데일리 뜨개 소품 16

야닝야닝의 힙뜨개

야닝야닝 지음

구독자 12만 명, 개성 넘치는 스타일의 야닝야닝 첫 도안집!

빅피시
BIG FISH

Prologue

뜨개는 낭만

불과 몇 년 전까지만 해도 저는 그냥 '손재주가 조금 좋은' 평범한 직장인이었어요. 지금처럼 뜨개를 본업으로 삼을 것이라고는 상상도 못했죠. 뜨개는 과거의 저에게 그저 스쳐 지나가는 n개의 취미들 중 하나일 뿐이었어요. 그런데 인생에서 가장 어두웠던 시절에 다시 마주친 뜨개는 전혀 달랐어요. 모든 것에 지쳐 아무것도 할 수 없었던 저에게 조용한 위로가 되어주었고, 다시 한번 일어날 수 있는 용기를 불어넣어 주었습니다. 그렇게 겁도 없이 무작정 시작된 '야닝야닝의 여정'에 결국 이렇게 엄청난 것이 추가되었네요. 제가 책을 낼 줄이야…! 가문의 영광이에요. 하하.

수년째 코바늘을 놓지 않고 살다가 문득 깨달은 게 하나 있어요. '아, 뜨개는 낭만 없인 도저히 할 수 없는 취미구나!'라는 것을요. 손쉽게 구할 수 있는 기성품들이 여기저기 널려 있음에도 불구하고, 우리는 시간과 정성, 그리고 때로는 더 큰돈을 들여가며 '나만의 것'을 만들거든요. 너무 낭만적이지 않나요? 만약 이번에 뜨개를 처음 접한 분이 계시다면, 부디 이 '낭만'을 얻어가셨으면 좋겠습니다. 이런저런 수고로움이 있어도, 뜨개만큼 저에게 행복과 평화를 가져다주는 것이 없거든요.

이 짧은 글에 다 적을 수는 없지만, 저 혼자만으로는 절대 이룰 수 없는 것을 이루게 해주신 모든 분들께 감사 인사를 드리고 싶습니다. 진심과 애정을 다해 끝까지 함께 달려주신 우리 사랑스러운 허주현 이사님, 어떤 일이 있어도 늘 내 편이 되어주시는 부모님, 모든 걸음걸음마다 격려를 아끼지 않는 소중한 친구들, 이 책이 나오기까지 보이지 않는 곳에서 묵묵히 애써주신 모든 관계자분들, 특히 언제나 한결같이 따뜻한 마음으로 응원해주시는 우리 야닝야닝 크로셰 클럽의 모든 '훤님'들께 가장 큰 감사를 전합니다.

끝까지 초심 잃지 않고 활동할 수 있도록 노력하겠습니다. 앞으로도 계속될 멋진 작품들을 기대해주세요!

2024년의 가을, **야닝야닝** 드림

Contents

프롤로그 ∞ 04

Part 01
뜨개를 시작하기 전에

코바늘뜨개 기본 도구 ∞ 44

이 책에서 사용된 실 ∞ 46
✦ 실 관리도 뜨개의 일부! 은근 편한 실 사용법 ∞ 48

실 안쪽에서 빼서 쓰기 ∞ 50
실 2가닥 잡고 뜨는 법 ∞ 51
✦ 더 힙한 코바늘 작품을 위한 야닝야닝 꿀팁 전수! ∞ 52
✦ 그거 아시나요? 손땀의 비밀 ∞ 56

이 책을 보는 방법 ∞ 58

Part 02
이 책에서 사용된 코바늘 기법

사슬뜨기 ∞ 62

짧은뜨기 ∞ 62

긴뜨기 ∞ 63

한길긴뜨기 ∞ 64

두길긴뜨기 ∞ 65

코늘리기 ∞ 66

코줄이기 ∞ 67

한길긴 2코 모아뜨기 ∞ 68

한길긴 3코 모아뜨기 ∞ 69

앞걸어뜨기 ∞ 70

뒤걸어뜨기 ∞ 71

빼뜨기 ∞ 71

무사슬 매직링으로 원형뜨기 시작하기 ∞ 72

돗바늘로 코 만들기 마무리 ∞ 73

무사슬 기법 단 넘어가기 ∞ 74

무사슬 기법 단 시작하기 ∞ 75

빼뜨기로 실 색 바꾸기 ∞ 76

돗바늘로 실 정리하기 ∞ 77

라벨 달기 ∞ 78

✦ 코바늘을 시작하는 사람에게 ∞ 81

✦ 코바늘로 나만의 스타일 완성하기 ∞ 82

✦ 야닝야닝에게 모두 물어보세요! 자주 받는 질문 Q&A ∞ 84

Part 03
뜨개 작품 만들기

- 90 데이지 버킷햇
- 98 리본 짐색
- 110 딤섬 파우치 백
- 116 머시룸 햇
- 122 그리드 파우치
- 132 아이싱 카드지갑
- 136 아이싱 리본백
- 144 + 클럼지 플라워 백참
- 148 더블 코튼 버킷햇

데이지 버킷햇
P.090

Ribbon Gym Sack

★★★★★
리본 짐색
P.098

딤섬 파우치 백
P.110

Mushroom

Hat

머시룸 햇
P.116

그리드 파우치
P.122

Grid Pouch

Icing

아이싱 카드지갑
P.132

Card Wallet

아이싱 리본백
P.136

Icing Ribbon Bag

Double   Cotton

Bucket   Hat

025

더블 코튼 버킷햇
P.148

보엠 미니백
P.152

Bohème Minibag

CHECKERBOARD

체커보드 버킷햇
P.162

BUCKET HAT

믹스 네트백
P.170

Mix Net Bag
Mix Net Bag
Mix Net Bag

꽃 파우치
P.184

Flower Pouch

쁘띠 코지 머플러
P.192

Crayon Beanie

크레용 비니
P.196

SOFT
COZY

소프트 코지 머플러
P.204

MUFFLER

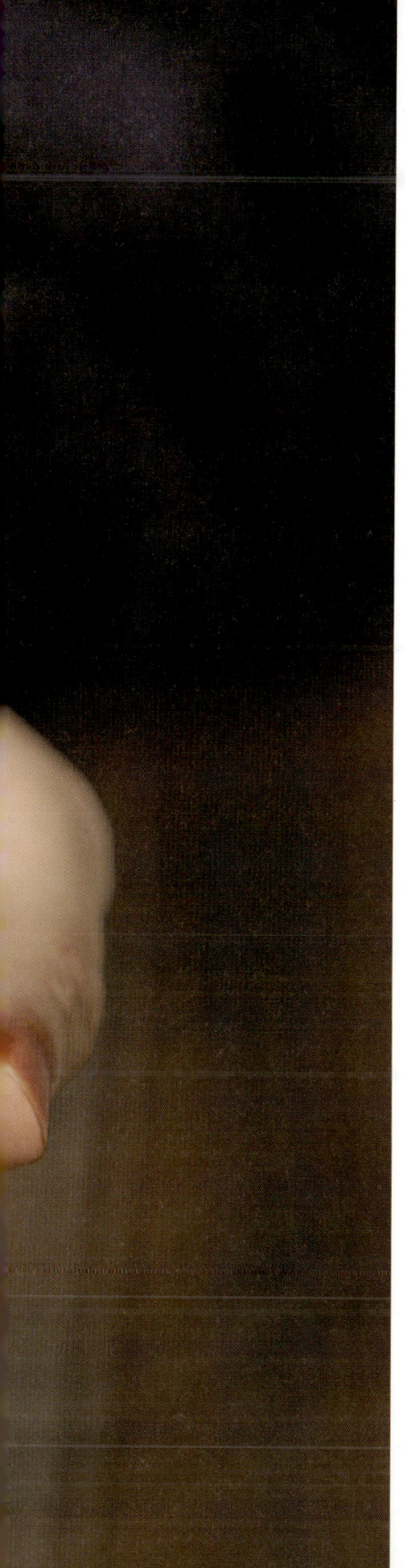

주사위 키링
P.210

Dice Keyring

Part 01

뜨개를
시작하기 전에

코바늘뜨개 기본 도구

코바늘
말 그대로 뾰족한 '코'가 있는 '바늘'입니다. 굵기에 따라 7호(4.00mm), 8호(5.00mm) 등의 이름으로 불려요. 이 숫자가 커질수록 바늘 굵기가 두꺼워지는데, 이 책에는 등장하지 않지만 15mm 이상의 왕코바늘도 있답니다. 실이 굵을수록 큰 호수의 코바늘을 사용해요.

꽃단추
플라스틱 재질의 꽃 모양 단추예요. 노랑, 주황, 분홍 3가지 종류가 있습니다.

마커
마커는 옷핀 형태의 도구인데, 주로 편물의 코를 구분하는 용도로 쓰입니다. 그래서 초보자에게는 없어서는 안 될 '필수 도구'예요. '마커'라는 이름 외에도 콧수링, 단수링, 스티치마커 등등 부르는 이름이 천차만별입니다. 저는 작은 사이즈(보급형/고급형)와 큰 사이즈(보급형) 두 가지의 마커가 있어요. 주로 실 굵기에 따라 구분하는 편입니다. 일반적으로는 작은 사이즈(시중에서 쉽게 볼 수 있는 크기)에 더 자주 손이 가요.

가위
누구나 가지고 있는 가위! 뜨개에서는 보통 실을 자를 때 많이 쓰입니다. 이 책에서는 널따란 리본을 자를 때 '재단용 가위'가 잠깐 등장하기도 하는데, 보통 입문용으로는 '쪽가위'나 '문구용 가위'를 많이 사용하는 편이에요. 장비 욕심이 있는 분들은 '수예용 가위'를 따로 쓰기도 하는데, 사이즈는 작지만 절삭력이 매우 좋고, 끝이 날카로운 것이 많아 디테일한 작업에 잘 쓰입니다.

▶ 라벨(종류별로)

▶ **정사각 라벨** 'machine cannot make this.'라는 슬로건을 담은 정사각형 패브릭 라벨입니다. 국내 뜨개 시장에 라벨 열풍을 일으킨 바로 그 주인공이에요. 지금도 여진히 수많은 카피 세품이 나오고 있을 정도로 반응이 뜨거운 녀석이랍니다. 바느질로 사방에 스티치를 넣어 부착해요.

▶ **텍스쳐 라벨** 'fingers never sleep.'이라는 슬로건을 담은 길쭉한 패브릭 라벨입니다. 캔버스 천에 자수를 새긴 듯한 바탕 질감이 특징이에요. 역시나 바느질로 사방에 스티치를 넣어 부착합니다.

▶ **미니 라벨** 야닝야닝 로고의 심볼을 앞뒤로 새겨 넣은 미니 라벨이에요. 바느질로 부착합니다.

▶ **메탈 라벨** 'yarn over'라는 뜨개 용어를 새긴 금속 라벨입니다. '바늘에 실을 감다'라는 뜻이에요. 양쪽 구멍은 S 사이즈 돗바늘 바늘귀가 들어갈 수 있도록 크게 제작했답니다. 그래서 너무 두꺼운 실만 아니라면 뜨개실로 부착할 수 있어요.

줄자
작품의 실측 사이즈를 측정할 때 사용합니다. 여러모로 플라스틱 자보다 편리하기 때문에 뜨개를 시작한다면 작은 줄자 하나쯤은 구비해두는 걸 추천해요.

라이터
흔히 볼 수 있는 평범한 라이터입니다. 리본 실을 사용해 작품을 뜰 때 끝 부분의 올이 풀리지 않도록 열을 가할 때 사용해요. 어떤 제품이든 상관 없어요.

돗바늘
제가 쓰는 돗바늘에는 크게 3종류가 있어요.

▶ **S 사이즈 돗바늘** 바늘귀가 좁고 굵기도 가늘어서 얇은 실과 쓰기 좋습니다. 저는 메탈 라벨을 달아줄 때에도 많이 쓰는 편이에요.

▶ **M 사이즈 돗바늘** 가장 평범한 사이즈의 돗바늘입니다. 어디에나 두루두루 쓰기 좋은 굵기예요.

▶ **대나무 왕돗바늘** 바늘귀가 굉장히 넓기 때문에 왕코바늘을 쓸 정도의 아주 두꺼운 실과 쓰기 좋아요.

이 책에서 사용된 실

리본
폴리에스터 100% / 1롤 600g, 70g(두 가지)
38mm 너비의 아주 두꺼운 새틴 리본이에요. 시중에서 쉽게 볼 수 없는 '양면 광택'이라, 뜨면서 신경 쓸 부분을 줄여준다는 것이 특징이죠. 원래 리본 자체는 포장용으로 쓰이는 게 일반적이지만, 역시나 뜨개의 세계는 무궁무진하다는 것을 깨닫게 해주는 아이템입니다.

코나
아크릴 45%, 코튼 37%, 나일론 18%
1볼 65g
사계절용 소품실이에요. 티셔츠 재질의 튜브 원단 안에 가벼운 솜이 채워진 형태로, 코 구분이 매우 쉽기 때문에 초보자에게 강력 추천하는 제품이랍니다(실제로 제 튜토리얼 영상에 정말 많이 등장한 실이에요). 패브릭 얀 또는 튜브 얀 종류에 속합니다.

벨벳
폴리에스터 100%
1볼 100g
벨벳처럼 보드라운 질감의 가벼운 겨울 실입니다. 얇은 심지에 짧고 보송한 털이 빽빽하게 붙어 있는데, 굵기가 두꺼운 편이라 어떤 작품을 만들더라도 금세 완성되는 편이에요.

포그니
폴리에스터 100% / 1볼 80g
제가 가장 좋아하는 겨울용 특수사예요. 그와 동시에 많은 분의 질타(?)를 받은 녀석이기도 합니다. 왜냐하면 부드럽고 긴 털이 실에 가득 붙어 있는 형태라 육안으로 코 구분이 전혀 안 되거든요. 단점은 초보자분들의 멘탈이 탈탈 털릴 수 있다는 거고, 장점은 완성도가 어마어마하게 높은 작품을 만들 수 있다는 거예요.

썸머라피아
레이온 100% / 1볼 50g
여름용 소품실이에요. '라탄' 같은 질감을 낼 수 있는 실인데, 편물의 '사그락 사그락'거리는 소리가 듣기 좋답니다. 소재 탓에 물세탁이 어려워 전용 드라이 클리닝을 맡겨야 한다는 것이 단점이긴 하지만, 세탁이 많이 필요 없는 가방류의 작품을 만들기에는 아주 좋아요.

한지면
면 65%, 한지 35% / 1볼 50g
여름용 소품실이에요. 실제로 한지가 들어 있어 아주 가볍답니다. 물세탁이 편리한 제품이라, 개인적으로는 세탁이 자주 필요한 모자류를 뜨기에 적합하다고 생각해요.

코튼필드
코마 면 100% / 1볼 80g
사계절용 소품실이에요. 저는 주로 여름에 많이 쓴답니다. 100% 면이다 보니 아무래도 편물이 무거워지지만 그만큼 내구성이 좋고 탄탄해서 제가 가장 많이 쓰는 실이에요. 역시나 컬러 선택 폭이 넓다는 것이 큰 장점입니다.

올리오
큐프라 50%, 아크릴 30%, 폴리아마이드 20% / 1볼 70g
여름용 실이에요. 소재 특성상 가볍고 매끄러운 것이 특징입니다. 코튼필드보다는 두껍지만 피카소울 10ply보다는 얇기 때문에 굵기가 다소 애매한 편에 속해요.

왁스드 얀
폴리에스터 100% / 1롤 135g
가죽 느낌의 사계절용 소품실입니다. 실에 왁스 코팅을 입혀 고급스러운 광택을 냈어요. 내구성이 아주 좋아 튼튼한 작품을 만들 수 있답니다.

블랑
아크릴 47%, 면 38%, 나일론 15% / 1볼 40g
코나 동생이라고 불리는 사계절용 소품실이에요. 역시나 튜브 얀의 형태를 띄고 있습니다. 뜨는 느낌도 부드럽지만, 파스텔 톤이 대부분이라 보기에도 부드러운 느낌이죠. 코나와의 차이점이라면 블랑이 더 얇고 컬러 종류가 적다는 것?

피카소울 10ply
프리미엄 울 30%, 소프트 터치 아크릴 70% / 1볼 45g
겨울용 실이에요. 먼지 날림이 약간 있긴 하지만, 2mm 정도 굵기라 여러 작품에 두루두루 쓰기 좋답니다. 수십 가지의 다양한 컬러가 있다는 점이 가장 마음에 들어요.

센스
메탈 52%, 폴리 48% / 1볼 25g
반짝반짝해서 키치한 느낌을 주는 소품실이에요. 다른 실과 합사해도 은은한 반짝임이 느낌이 좋답니다. 실 자체가 가벼워서 작지만 용량이 알차요. 납작하게 눌린 칼국수 면 같은 모양이고, 뜨면서 반짝이가 날리지 않아서 좋아요.

단디
폴리에스터 100% / 1볼 80g
사계절용 소품실이에요. 여름에도 쓸만한 두꺼운 소품실은 찾기가 정말 어려운데, 그걸 해소해준 제품입니다. 먼지 날림과 실 갈라짐은 다소 있는 편이지만 무게가 굉장히 가볍고, 굵은 코바늘로 숭덩숭덩 뜰 수 있어서 좋아요.

실 관리도 뜨개의 일부!
은근 편한 실 사용법

실은 감긴 형태에 따라 크게 두루마리 휴지처럼 '심지(지관)에 감긴 실', 그리고 심지가 따로 없이 '원사만 감긴 실'로 나눌 수 있어요.
어떤 실이든 겉에 감긴 가닥을 풀어 뜨개를 시작할 수도 있지만요, 그러면 뜨개를 할 때마다 실이 이리저리 굴러다니며 우리를 귀찮게 할 거예요. 뜨개에 집중하기도 바쁜데 실 관리하느라 신경 쓰다 보면 여간 귀찮은 게 아니거든요. 실을 편하게 사용하기 위해 나온 제품(얀 홀더, 얀 볼 등)을 사용해도 좋지만, 도구를 사용하지 않아도 실 관리가 편해지는 작은 팁을 알려드릴게요!

◉ 원사만 감긴 실의 경우

'원사만 감긴 실'은 실이 처음 감기기 시작한 안쪽에서부터 실을 빼낼 수 있어요. 실 뭉치의 중앙에 손가락을 집어넣어 휘젓다가 '이거다!' 싶은 실 가닥을 가져오는 거예요(사실 제 경험상 '이 정도쯤이려나…?' 싶은 순간이 더 많긴 합니다). 처음에는 실이 작은 뭉텅이로 빠져나오는 경우가 있을 텐데, 당황하지 말고 그 안에서 시작 부분을 찾아내면 됩니다. 이렇게 안쪽에서부터 시작하면 실이 굴러다니지 않아 제자리에서 계속 풀어 쓸 수 있어요.
P.50 참고.

◉ 심지에 감긴 실의 경우

'심지에 감긴 실'은 보통 '지관'이라고 부르는 원통에 감겨 있는데, 안쪽에서 실을 꺼내기가 어려워요. 이 지관 자체를 빼버리는 방법도 있긴 하지만, 자칫 잘못하면 실이 안쪽에서 그대로 엉켜버릴 수 있기 때문에 제가 추천하는 방법은 아니랍니다.
'얀 홀더'라는 도구가 있다면 지관을 홀더에 꽂아 편리하게 쓸 수 있겠지만, 저는 이래봬도(?) 아직 얀 홀더가 없답니다(없어도 뜨개 잘 할 수 있어요. 하하). 그럼 도구도 없이 어떻게 쓰냐고요?
저는 그냥 집에 있는 바구니나 넓은 통 등을 이용합니다. 방법은 단순해요. 그냥 그 바구니에 실을 그대로 넣고 그 안에서만 굴러다니게 하는 거예요. 이렇게 하면 뜨개를 하는 동안 편하게 실을 제자리에 둘 수 있어요.

◉ 이동 시에 편리한 팁

뜨개를 하다 보면 집중에 불이 붙는 순간이 찾아오는데, 이럴 때는 이동하는 순간에도 손에서 바늘을 놓을 수가 없게 된답니다. 이때는 '지퍼백'을 사용해보세요. 지퍼백에 실을 담아 1가닥만 빼낸 후 그 주변만 제외하고 입구를 닫아줍니다. 그리고 이걸 가방에 담아 외출하는 거예요. 벌써부터 든든하죠?

실 안쪽에서 빼서 쓰기

01 띠지를 살짝 벗겨줍니다.

02 양쪽을 눌러 실을 동그랗게 만들어줍니다.

03 손가락을 넣어 가장 가운데일 것 같은 가닥을 찾아 꺼냅니다.

04 죽 당겨 꼬리실이 나오면 거기서부터 뜨기 시작합니다.

05 이렇게 가운데서 실을 뺐는데 실이 뭉터기로 나와도 당황하지마세요.

06 그 안에서 꼬리실을 찾아서 거기서부터 뜨기 시작하면 됩니다.

2
실 2가닥 잡고 뜨는 법

01 실 2타래를 준비합니다.

02 실 가운데서 1가닥씩 실을 뽑거나 바깥에서 1가닥씩 실을 뽑아 2가닥을 함께 쥐고 뜨개를 합니다. 가운데서 뽑아쓰는 편이 실타래가 움직이지 않아 편리합니다.

03 또는 실 한 타래에서 가운데서 1가닥, 바깥에서 1가닥을 함께 잡고 뜨는 방법도 있습니다.

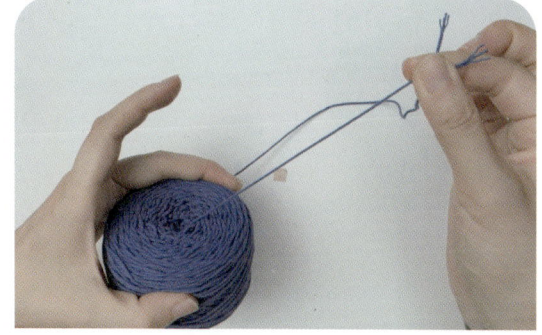

04 실 2가닥을 가지런히 잡고 뜨개를 진행해주세요.

더 힙한
코바늘 작품을 위한
야닝야닝 꿀팁 전수!

라벨 예쁘게 다는 방법

사실 라벨 다는 방법에는 정답이랄 게 없지만, 저는 주로 사방에 대각선으로 스티치를 넣어 고정하는 편이에요. 비교적 간단하지만 예쁘게 완성되죠. 제가 자주 사용하는 패브릭 라벨에는 일반 바느질을 이용하는데, 이 부분을 어려워하거나 귀찮아하는 분들도 많아요(이건 비밀인데 저도 아직 그래요, 하하). 라벨을 예쁘게 달 수 있는 나름의 팁은 라벨 위에 테이프를 십자 모양으로 붙여 위치를 고정하고, 나중에 라벨이 울지 않게끔 사방을 팽팽히 당겨 바느질해주는 겁니다.

경우에 따라 일반 자수 실 대신 작품에 쓰인 뜨개실을 사용하기도 하는데요. 이때는 사방에 비교적 큰 구멍을 내줘야 하기 때문에 얇은 송곳 같은 게 필요해요. 이렇게 뜨개실로 휘뚜루마뚜루 달아주면 일반 바느질보다 훨씬 쉽게 부착할 수 있어요. 라벨 하나 다는 것만으로 완성도가 올라가니 한번 도전해보세요!

일반 기법과 무사슬 기법의 차이

가방이나 모자 같은 작품을 만들 때에는 주로 원형이나 원통형의 편물을 뜹니다. '일반 기법'은 첫 코를 무조건 사슬 2~3개로 대체해 마지막에 빼뜨기로 마무리하는 방식이죠. 그래서 어쩔 수 없이 편물 한 켠에 빼뜨기 라인이 쭈우욱 드러나게 돼요. 그렇다면 이 라인을 안 보이게 하는 방법은 없을까요? 매번 뒷면으로 숨겨야만 하는 걸까요? 아닙니다. 바로 '무사슬 기법'으로 해결할 수 있어요!

'무사슬 기법'의 가장 큰 특징은 '첫 코를 절반만 만든다'는 거예요. 나머지 절반은 한바퀴를 쭉 돌아 단을 마무리하면서 만들게 됩니다. 이게 바로 '무사슬 기법'의 핵심이죠.
단을 거듭할수록 첫 코의 위치가 왼쪽으로 한 코씩 이동하는 것도 특징 중 하나예요.

그럼 모든 코바늘 편물에 생기는 빼뜨기 라인을 없앨 수 있을까요? 안타깝게도 그건 아닙니다. 긴뜨기나 한길긴뜨기 등 기초 기법이 들어간 작품에만 가능해요(적어도 제가 알기로는요). 여러분들이 직접 갖가지 기법에 응용해보면서 가능한지 불가능한지를 판가름해보는 것도 아주 좋은 경험이 될 거예요.

주의할 점은 마무리할 때 코 절반을 만드는 과정에서 코 길이 조절을 제대로 하지 않으면, 미세하게 대각선 라인이 눈에 띌 수도 있다는 거예요. 그래도 많이 시도해볼수록 익숙해질 테니 미리 너무 겁먹지는 마세요!

빈틈없이 예쁜 매직링

원형뜨기의 기본은 바로 매직링이에요. 그야말로 정말 '마법의 고리'랍니다. 꼬리실을 잡아당기면 일자였던 편물이 금세 동그라미로 변하거든요. 그런데 간혹 꼬리실을 조여도 다 안 당겨지거나, 중앙에 구멍이 뽕 생기는 경우가 있어요. 이걸 완화할 수 있는 방법 세 가지를 알려드릴게요.

첫 번째, 둥글게 겹쳐놓은 실과 꼬리실이 서로 꼬이지 않게 주의해주세요. 원형을 만들 때는 실을 한 바퀴 꼬아서 둥글게 한 후, 2줄이 겹쳐진 부분에 코를 만들게 되는데요. 이때 대부분은 진행 중에 꼬리실이 다른 1가닥에 빙빙 둘러지는 형태가 될 거예요. 이 꼬리실이 꼬이지 않고 나란할 수 있도록 중간중간 풀어주세요. 그러면 평소보다 훨씬 더 부드럽게 조여질 거예요.

두 번째, 편물을 잡고 코 안의 꼬리실을 살살 풀어준다는 느낌으로 비벼주세요. 이미 코는 다 떠버렸는데, 마지막에 꼬리실이 잘 안 당겨질 때 쓸 수 있는 방법입니다. 이건 첫 번째 방법에서 언급한 상황이 벌어진 거예요. 꼬리실이 안쪽에서 꼬여버린 거죠. 그래서 그걸 살살 풀어주는 느낌으로 편물을 비빈 다음 당겨주면 훨씬 더 잘 조일 수 있답니다.

세 번째, 새로 자른 실, 혹은 기존 꼬리실을 돗바늘로 안쪽에서 둘러주세요. 두 번째 방법까지 썼는데도 끝까지 조여지지 않을 때 쓰는 최후의 방법입니다. 실을 20~30cm 정도 새로 잘라 돗바늘에 끼워 뒷면 안쪽 코를 동그랗게 지나가는 거예요. 마치 작품 완성 후 실을 정리하는 것처럼요. 기존 꼬리실이 길게 남아 있다면 그걸 활용해도 됩니다. 그렇게 구멍을 강제로 오므린 다음 매듭을 지어주면 됩니다.

이 모든 방법을 다 썼는데도 끝까지 조여지지 않는다면? 그건 실 자체가 너무 두꺼워서 그럴 수도, 매직링 안에 너무 많은 코를 만들어서 그럴 수도 있습니다. 이때는 실을 바꾸거나 콧수를 조절해줘야 해요.

분명 원작과 똑같은 실과 똑같은 호수의 코바늘로 똑같은 작품을 떴는데, 사이즈가 너무
다르게 나왔나요? 걱정하지 마세요. 자연스러운 현상입니다. 사람마다 보폭이 다르듯이,
실을 잡는 힘도 전부 다 다르거든요. 예를 들면 똑같은 사슬 10개인데, 나는 5cm가
나오고 누구는 7cm가 나오는 것처럼요. 저는 이걸 '손땀'이라고 말합니다.
손땀이 작건 크건 어떤 게 더 좋다 나쁘다 말할 수 없어요. 그냥 '아, 내 손땀은 이렇구나'
하고 받아들이시면 됩니다(참고로 저는 손땀이 꽤 작은 편에 속해요).

그거 아시나요?
손땀의 비밀

'손땀이 크다'라는 말은 '실을 잡는 힘이 약하다'라는 뜻인데요.
쉽게 말해 '헐렁하다'라고 이해하면 됩니다.

손땀이 큰 사람의 특징

◉ **손에 무리가 덜하다.**
실을 느슨하게 잡기 때문에 상대적으로 손의 피로도가 덜 합니다.

◉ **작품 사이즈가 커진다(편물이 유연하다).**
손땀이 크다는 것은 그만큼 코머리 크기가 더 크고, 코 사이 간격이 더 넓다는 것을
말해요. 이 때문에 편물에 틈이 많이 생겨 비교적 부드럽고 유연하며, 작품 사이즈가
전체적으로 커지는 경향을 보입니다.

◉ **그만큼 실을 많이 쓴다.**
의도치 않게 작품 사이즈를 크게 만들어버렸으니, 그만큼 실도 더 많이 썼겠죠?
손땀이 크면 예상보다 실이 모자라는 경우가 생길 수 있어요.

반대로 '손땀이 작다'라는 말은 '실을 잡는 힘이 세다'는 뜻인데요.
쉽게 말해 '쫀쫀하다'라고 이해하면 됩니다.

손땀이 작은 사람의 특징

- **손에 무리가 많이 간다.**
  실을 강하게 잡기 때문에 상대적으로 손의 피로도가 높습니다.
- **작품 사이즈가 작아진다(편물이 탄탄하다).**
  손땀이 작다는 것은 그만큼 코머리 크기가 더 작고, 코 사이 간격이 더 좁다는 것을 말해요. 이 때문에 편물에 틈이 거의 없어 비교적 탄탄하며, 작품 사이즈가 전체적으로 작아지는 경향을 보입니다.
- **그만큼 실을 적게 쓴다.**
  작품 사이즈가 작아졌으니 그만큼 실은 적게 듭니다.

그럼 이렇게 손땀이 다 다른데 사이즈는 어떻게 맞춰야 할까요? 가방 같은 건 사이즈에 크게 구애받지 않는 작품이니 그렇다 쳐도, 직접 착용해야 하는 모자 같은 건 어떡하죠? 너무 걱정하지 마세요. 코바늘 호수를 변경하면 됩니다. 내 편물이 너무 크게 나왔다면? 코바늘을 더 얇은 걸로 바꿔주세요. 반대로 내 편물이 너무 작게 나왔다면? 코바늘을 더 굵은 걸로 바꿔주면 됩니다.

여기서 관련 팁 하나 더!
뜨개실 띠지에 보면 권장 바늘 호수가 적혀 있어요. 근데 이건 말 그대로 '권장'하는 것일 뿐, 꼭 이 실에는 이 바늘을 써야 한다는 법은 없답니다. 그러니 '나의 손땀'과 '만들고자 하는 작품'에 따라 얼마든지 바뀔 수 있다는 점을 알아야 해요.
실제로 '단디'는 7~8호 사용을 권장하는 실이지만, 저는 유연한 편물을 원했기 때문에 더 굵은 코바늘인 9호와 10호로 작품을 만들었어요.

이 책을 보는 방법

QR 코드를 찍으면 전체 만들기 동영상을 확인할 수 있어요.

각 작품에는 난이도가 표시되어 있어요. 별이 많을수록 어려운 작품입니다.

작품을 뜨는 데 도움이 되는 노트를 꼭 확인하세요.

도안에서 지금 뜨는 기법이 영상 어디에 나오는지 시간을 적어두었어요.

기법 위 주황색 첨자는 다음 페이지 주황색 페이지에서 자세한 설명을 확인할 수 있어요.

058

기법 페이지에는 이 책의 작품을 뜨는 데 필요한 기초 기법 설명이 자세히 나와 있어요.

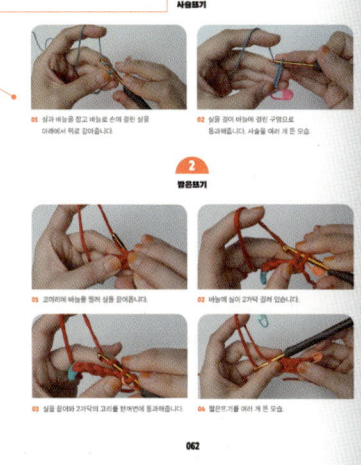
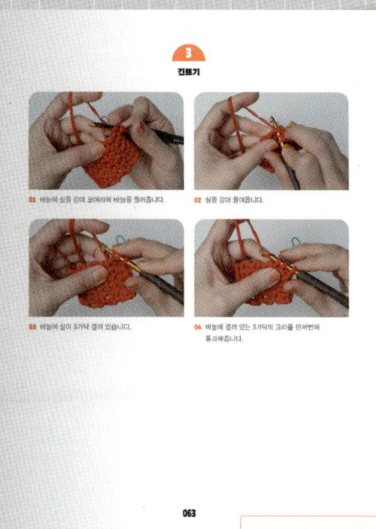

도안을 보다가 페이지 참고 안내가 나오면 기법 페이지를 확인해주세요!

일러두기

○ 작품을 뜨기 전 반드시 QR 코드를 체크해주세요.
도안과 관련한 오류 및 업데이트 사항은 이곳에 업로드됩니다.

○ 도안의 영상 중에서 공개 영상인 경우는 중간 광고가 나올 수 있습니다.
○ 같은 코에 여러 코를 뜰 때는 '+'로, 연속되는 코에 뜰 때는 ','로 표기했습니다.
○ 도안 내에서 세트로 반복되는 구간은 [ ]로 표기했습니다.

Part 02

이 책에서 사용된
코바늘 기법

사슬뜨기

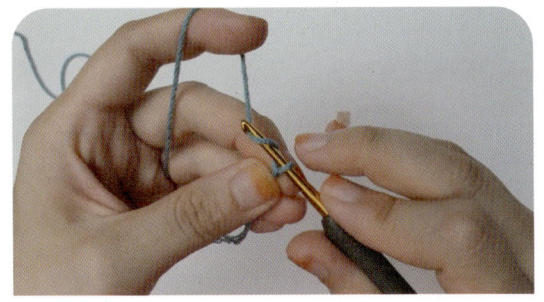
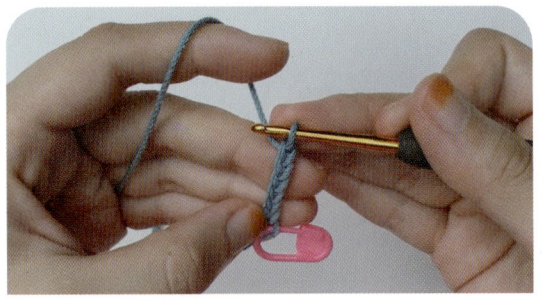

01 실과 바늘을 잡고 바늘로 손에 걸린 실을 아래에서 위로 감아줍니다.

02 실을 걸어 바늘에 걸린 구멍으로 통과해줍니다. 사슬을 여러 개 뜬 모습.

짧은뜨기

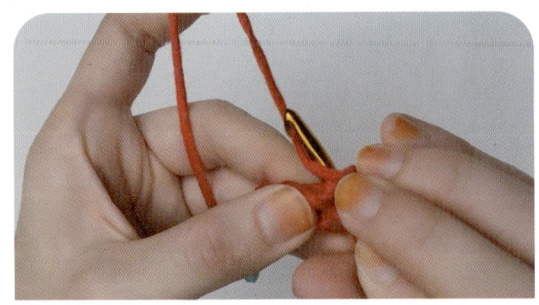
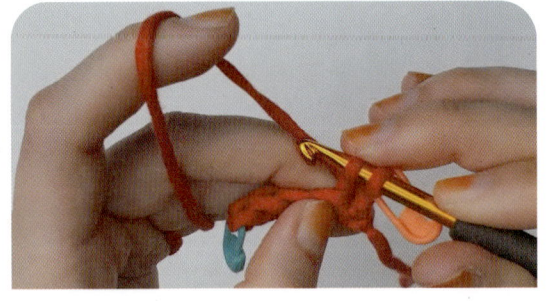

01 코머리에 바늘을 찔러 실을 끌어옵니다.

02 바늘에 실이 2가닥 걸려 있습니다.

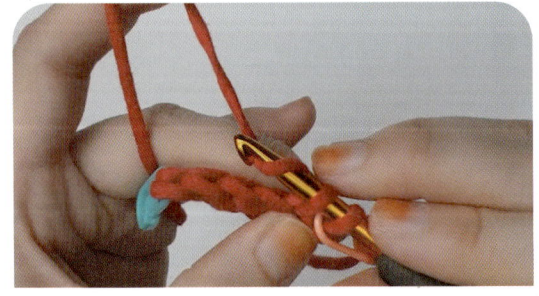
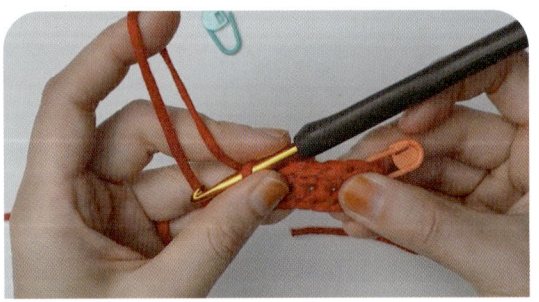

03 실을 끌어와 2가닥의 고리를 한꺼번에 통과해줍니다.

04 짧은뜨기를 여러 개 뜬 모습.

3
긴뜨기

01 바늘에 실을 감아 코머리에 바늘을 찔러줍니다.

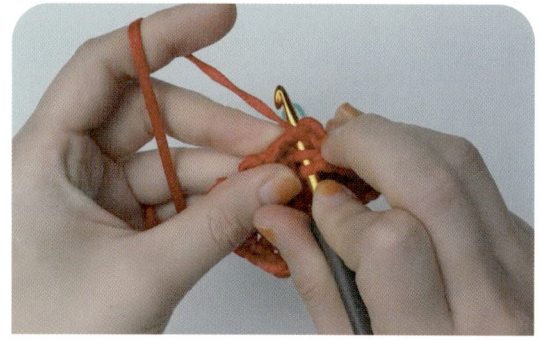

02 실을 감아 끌어옵니다.

03 바늘에 실이 3가닥 걸려 있습니다.

04 바늘에 걸려 있는 3가닥의 고리를 한꺼번에 통과해줍니다.

4
한길긴뜨기

01 바늘에 실을 1번 감습니다.

02 코머리에 바늘을 찌릅니다.

03 실을 감아 끌어옵니다.

04 실을 감아 바늘에 걸려 있는 고리 중 2가닥을 한꺼번에 통과합니다.

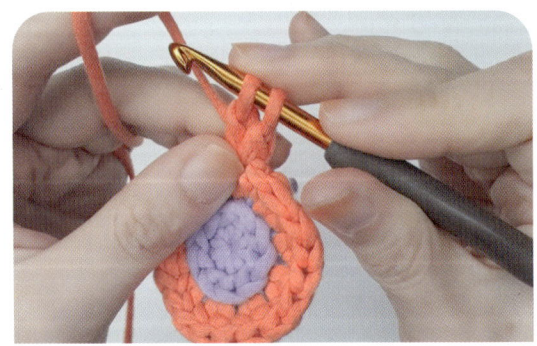

05 바늘에는 2가닥이 걸려 있습니다.

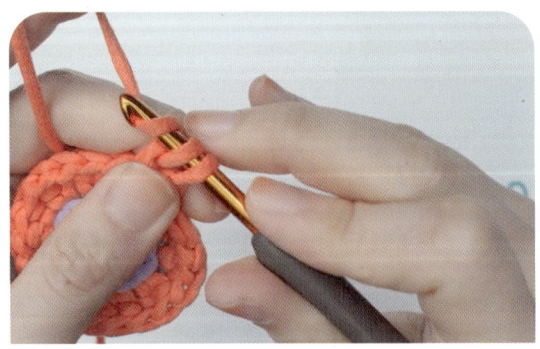

06 다시 실을 감아 남은 2가닥을 한꺼번에 통과합니다.

두길긴뜨기

01 바늘에 실을 2번 감습니다.

02 코머리에 바늘을 찔러 넣어 실을 가져옵니다.

03 바늘에 걸려 있는 4가닥 중 2가닥을 한꺼번에 통과합니다.

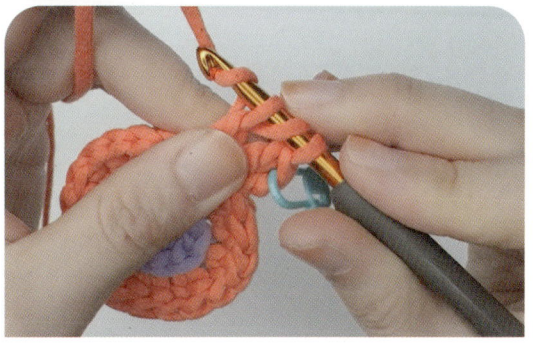

04 바늘에 걸려 있는 3가닥 중 2가닥을 한꺼번에 통과합니다.

05 남아 있는 2가닥을 한꺼번에 통과합니다. 같은 요령으로 세길긴뜨기는 처음에 실을 3번 감고, 네길긴뜨기는 4번 감아 시작합니다.

6
코늘리기 (=V)

01 바늘에 실을 감아 늘릴 코 코머리에 바늘을 찔러줍니다.

02 한길긴뜨기를 떠줍니다.

03 바늘에 실을 감아 방금 한길긴뜨기를 뜬 코에 바늘을 한 번 더 찌릅니다. 한길긴뜨기를 하나 더 만듭니다.

04 1개의 코에 한길긴뜨기를 2개 만들어 코가 늘어났습니다. 짧은뜨기나 긴뜨기도 같은 방식으로 코를 늘립니다.

코줄이기 (=∧)

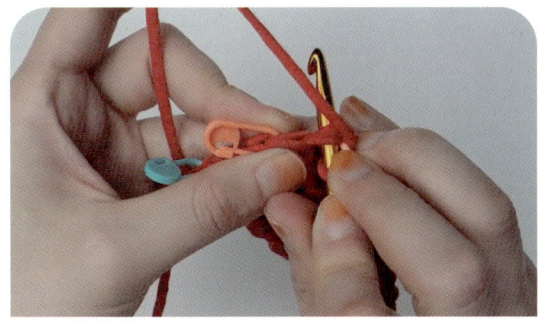

01 줄이고자 하는 2코 중 첫 번째 코의 코머리에 바늘을 넣어 실을 끌어옵니다.

02 바늘에 실이 2가닥 걸려 있습니다.

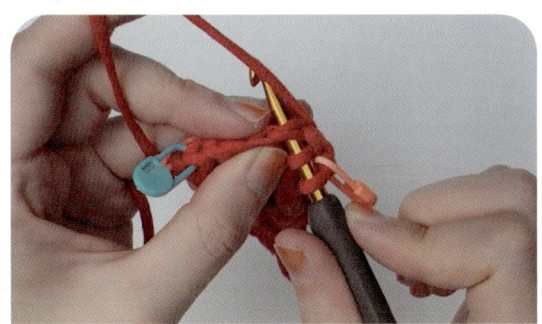

03 바로 그다음 코에 똑같이 바늘을 넣어 실을 끌어옵니다.

04 바늘에 3가닥이 걸려 있습니다.

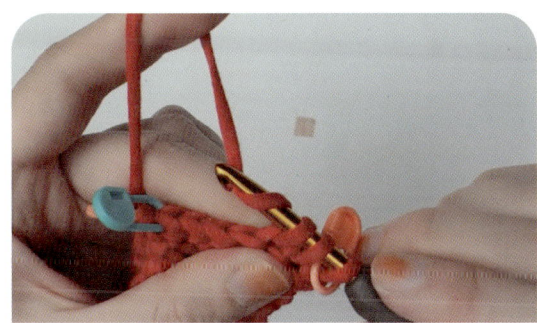

05 실을 걸어 3가닥을 한꺼번에 통과해줍니다.

06 2개의 코가 1개로 줄어듭니다. 3코 이상의 코도 같은 방법으로 한꺼번에 떠 코를 줄입니다. 긴뜨기나 한길긴뜨기도 마찬가지 방법으로 코를 줄입니다.

8
한길긴 2코 모아뜨기

01 한길긴뜨기를 진행하듯이 바늘에 실을 걸어줍니다.

02 코머리에 바늘을 찔러넣어 실을 가져옵니다.

03 바늘에 실을 걸어 2가닥을 통과해줍니다. 일반적인 한길긴뜨기라면 여기서 나머지 2가닥을 한꺼번에 통과하겠지만 모아뜨기에서는 여기까지 진행한 후 미완성으로 둡니다.

04 바늘에 2가닥이 걸려 있는 상태에서 다시 한길긴뜨기를 하듯이 실을 걸어 코머리에 바늘을 넣고 실을 걸어 끌어옵니다.

05 바늘에 실을 걸어 다시 2가닥을 통과해줍니다.

06 남아 있는 3가닥을 한꺼번에 통과해줍니다.

9
한길긴 3코 모아뜨기

01 한길긴뜨기를 진행하듯이 바늘에 실을 걸어줍니다.

02 바늘에 걸린 3가닥 중 2가닥만 통과해 미완성 한길긴뜨기를 만듭니다.

03 다시 바늘에 실을 걸고 같은 자리에 바늘을 넣어 실을 끌어온 다음 다시 미완성 한길긴뜨기를 만듭니다.

04 미완성 한길긴뜨기를 하나 더 만들어 기둥이 3개, 바늘에 걸린 고리가 4가닥이 되었을 때 모든 가닥을 한꺼번에 통과합니다.

10
앞걸어뜨기

01 바늘을 앞단 기둥에 통과해 넣어줍니다.

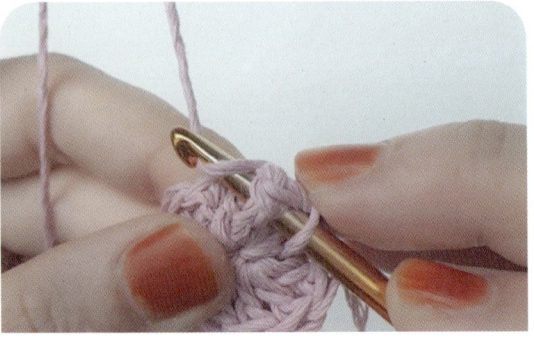

02 실을 끌어옵니다.

03 코가 앞단 기둥에 걸리는 모습입니다.

04 실을 걸어 고리를 모두 통과해주세요.

뒤걸어뜨기

01 기둥 뒤에서 앞으로 바늘을 찌릅니다.

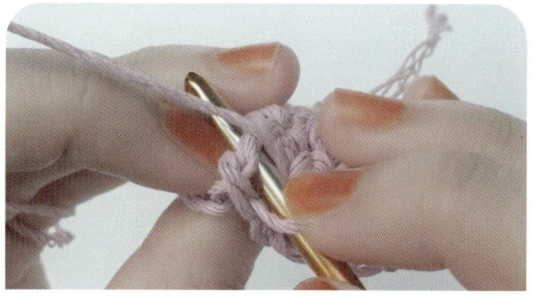

02 기둥을 걸고 앞에서 뒤로 바늘을 찌릅니다.

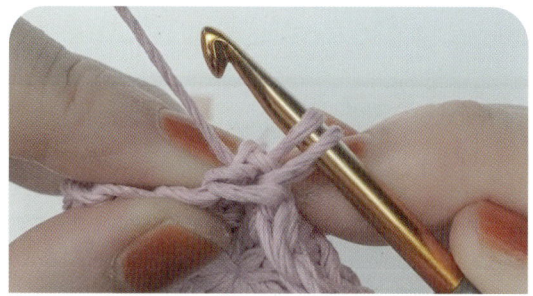

03 실을 끌어옵니다. 코가 앞 단 기둥에 걸렸습니다.

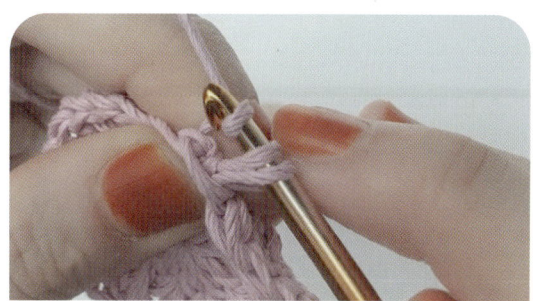

04 실을 걸어 고리를 모두 통과해주세요.

빼뜨기

01 빼뜨기할 코 코머리에 바늘을 찔러넣어 실을 걸어옵니다.

02 그대로 바늘에 걸려 있는 코도 통과합니다.

무사슬 매직링으로 원형뜨기 시작하기
긴뜨기&한길긴뜨기

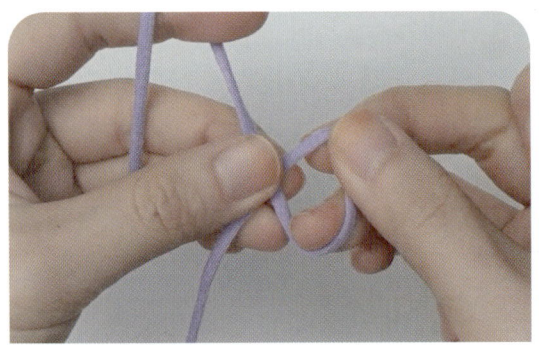

01 실로 매직링을 만듭니다.

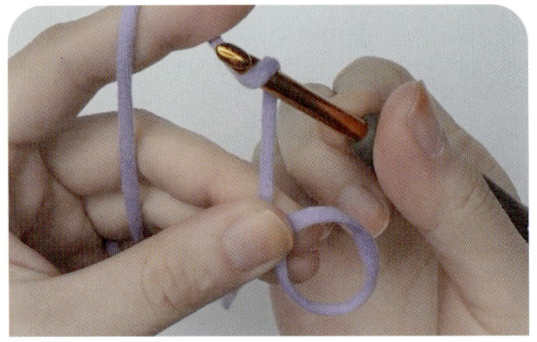

02 연결 부위를 엄지와 중지로 잘 잡고 바늘에 실을 감아줍니다.

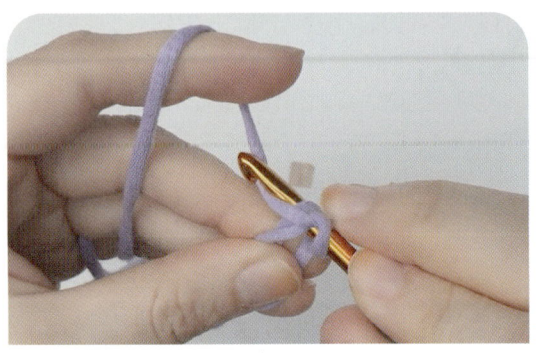

03 그대로 고리 안에 바늘을 넣어 실을 감아 끌어옵니다. 바늘에는 2가닥이 걸립니다.

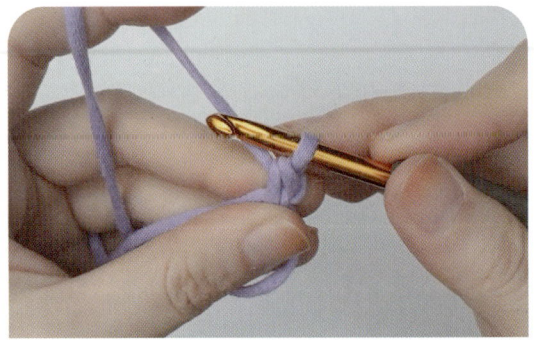

04 바늘에 실을 감아 2가닥을 모두 통과합니다. 이렇게 만든 코는 긴뜨기 1개 역할을 하고, 사슬 하나를 더 만들면 한길긴뜨기 역할을 합니다.

돗바늘로
코 만들기 마무리

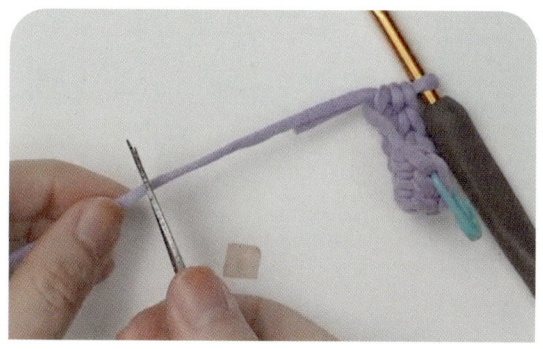

01 실을 적당히 남겨 자릅니다.

02 시작 부분 쪽에 달린 꼬리실을 잡아당겨 구멍을 조입니다.

03 구멍이 보이지 않게 꽉 조여주세요.

04 1번에서 자른 꼬리실을 돗바늘에 꿰어 두 번째 코 코머리에 바늘을 통과시킵니다.

05 마지막 코머리의 반 코와 그 뒤의 실 1가닥에 바늘을 통과해줍니다.

06 다른 코와 똑같은 V자 모양의 코가 만들어지며 자연스럽게 마무리됩니다.

무사슬 기법 단 넘어가기
불완전한 코머리

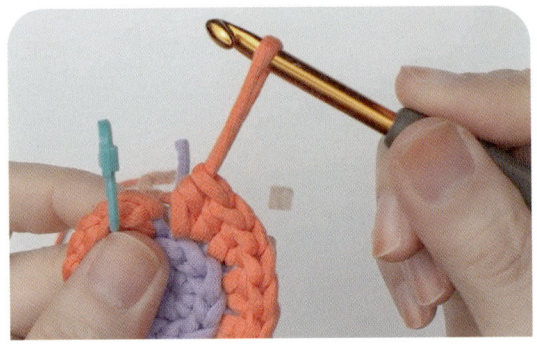

01 마지막 코까지 뜬 다음 바늘을 당겨 실을 길게 빼줍니다.

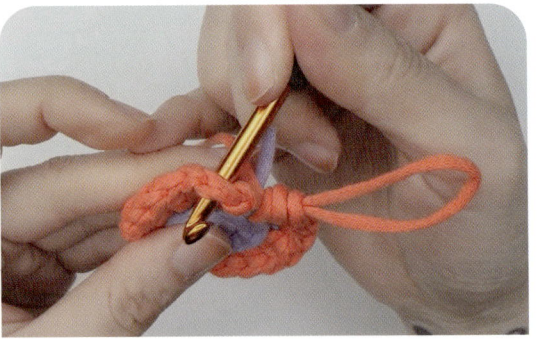

02 두 번째 코에 바늘을 뒤에서 앞으로 찔러줍니다.

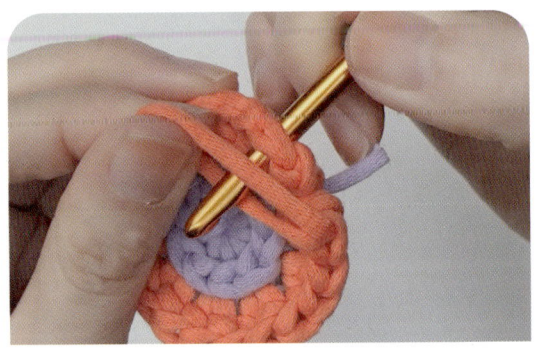

03 늘려두었던 실을 가져와 바늘에 걸어줍니다.

04 걸린 실을 그대로 빼냅니다.

05 다음 단을 시작하기 위에 실을 잡아당겨 코 크기를 적당히 맞춰줍니다. 이때 다른 코머리의 길이와 비슷하게 맞춰주어야 이질감이 적습니다.

16
무사슬 기법 단 시작하기
미완성 코

01 바늘을 그대로 첫 번째 코에 찔러 넣습니다.

02 실을 끌어옵니다.

03 2가닥을 한꺼번에 통과합니다.

04 첫 번째 코 역할을 하는 미완성 긴뜨기입니다. 여기서 사슬 하나를 더 만들면 미완성 한길긴뜨기가 됩니다.

빼뜨기로 실 색 바꾸기

01 왼손에 바꿀 실을 쥐고 바늘을 다음 단 첫 코 코머리에 넣어주세요.

02 뜨고 있던 실 대신 바꿀 실을 끌어옵니다.

03 빼뜨기 완성.

04 마지막 코가 늘어지지 않도록 전 단에 사용한 실을 당겨주세요.

18
돗바늘로 실 정리하기

01 돗바늘에 실을 꿰어줍니다.

02 편물 안쪽 코에 바늘을 통과해줍니다.

03 실을 다 끌어내지 말고 고리 안으로 바늘을 다시 통과시키면 매듭이 지어집니다.

04 코 사이사이에 바늘을 이리저리 넣어 실을 감춰줍니다.

19
라벨 달기

01 자수용 실과 바늘을 준비해 편물 뒤에서 바늘을 꽂고 라벨의 날개 부분에 통과시킵니다.

02 실 끝을 좀 남겨주세요.

03 바늘을 라벨의 가장자리 부분으로 통과시킵니다.

04 처음 바늘이 나온 자리 부근에 바늘을 꽂아줍니다.

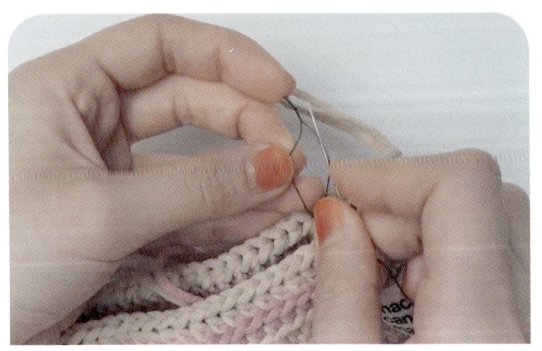

05 남겨두었던 실 끝 사이로 통과시켜주세요.

06 네 모서리 모두 가장자리만 고정하는 방식으로 라벨을 달아줍니다. 가장자리 사이에도 바느질을 해두면 더 튼튼하게 고정됩니다.

코바늘을 시작하는 사람에게

제가 처음 뜨개를 시작한 것은 머릿속의 잡념을 없애고 싶어서였어요. 뭐라도 해볼까 하던 차에 손에 잡힌 것이 뜨개였던 거지요. 아무 생각없이 코바늘을 이리저리 움직이고 있으면, 어느새 근심 걱정이 저 멀리 떠나 있거든요. 그리고 내 손 끝에서 탄생한 작품이 가져다주는 행복은 이루 말할 수 없답니다. 드디어 여러분들도 이 행복을 맛보실 수 있겠군요!

처음에는 모든 게 다 막막하게만 느껴질 거예요. 짧은뜨기가 뭐지? 이게 첫 번째 코인가? 바늘을 어디에 넣는 거지? 머릿속에 온통 물음표 투성이일 겁니다.
그치만 걱정 마세요. 누구에게나 처음은 있으니까요. 뭐든지 처음부터 잘 하려고 급하게 마음을 먹으면 오히려 더 잘 안 될 때가 많아요. 그러니 조급해 말고 차근차근 한 코씩 만들어 보세요. 그러다 보면 어느새 나의 첫 작품이 완성되어 있을 겁니다. 아마 주변에 자랑하고 싶어 입과 손가락이 근질거릴 걸요?
그렇게 재미가 들리면 만들고 싶은 건 점점 많아지고, 완성한 작품이 하나둘 늘어나 어느새 내 앞에 수북해지죠. 슬슬 '처치곤란인데?' 하는 생각이 들고요. 이런 생각을 했다면 이제 '선물'할 타이밍입니다.
가족, 친구, 동료들에게 '이걸 정말 네가 만들었어?'라는 말을 들었을 때의 그 뿌듯함. 말로 다 할 수 없어요. 이때부터 우리는 점점 '중독'의 길로 접어듭니다. 당황하지 마세요. 자연스러운 거니까요. 그냥 즐기면 됩니다. 하하. 제가 장담하는데, 나중에는 이런 모습의 나를 보게 될 거예요.
보고 싶은 영화 한 편을 틀어두고 그 앞엔 맥주 한 캔, 그리고 뜨개로 바삐 움직이는 나의 손. 이제는 돌이킬 수 없어요. 뜨개인이 되신 것을 환영합니다!

코바늘로
나만의 스타일 완성하기

'오늘 룩에는 오렌지 계열의 토트백이 잘 어울릴 것 같은데?', '너무 흔한 동물 인형 키링 말고, 뭔가 더 힙하면서 레어한 키링 없을까?', '요 앞에 잠깐 나갈 때 들 만한 서브백이 필요해.' 이렇게 제 작품들은 정말 제가 필요해서, 가지고 싶어서 만든 것들이 대부분이에요. 저를 계속 봐온 분들은 알겠지만, 저는 컬러풀한 색감을 정말 좋아해요. 어렸을 때부터 과감한 컬러 매칭에 흥미가 있었고, 그래서인지 제 작품에서는 저도 모르게 강렬한 컬러들을 많이 쓰게 된 것 같아요. 블루와 오렌지처럼 보색 대비를 활용하기도 하고, 핫핑크와 비비드오렌지를 함께 써 존재감을 2배로 부풀리기도 한답니다.

만약 블랙이나 화이트 등의 모노톤을 즐겨 입는 스타일이라면 옐로우, 오렌지, 블루 등 팝한 컬러의 가방이나 모자로 포인트를 줄 수 있어요. 반면 아이보리와 베이지의 부드러운 룩에는 브라운 계열을 매치해 톤온톤 스타일을 연출할 수도 있겠죠.

같은 작품이지만 질감의 변화를 주는 것도 굉장히 재미있어요. 세상에는 정말 다양한 뜨개실들이 많이 있거든요. 이 책에 수록된 '데이지 버킷햇'의 경우, 포근한 겨울실로 만들었더니 겨울용이 되었고, 가벼운 종이실로 만들었더니 여름용이 되었답니다.

이처럼 코바늘로 작품을 만드는 것은 나만의 독보적인 스타일을 완성하는 것과 같아요. 그야말로 '이 세상에 단 하나'밖에 없는 작품인 거죠. 저 사람이 빨간색으로 만들었다고 해서, 나도 똑같이 빨간색으로 만들 필요는 없어요. '아 그러고 보니 내가 아직 초록색 가방이 없네?' 하면 초록색 실을 슬쩍 골라 만들어보는 거예요. 뭐든 내 맘대로 만들 수 있다는 것. 이게 뜨개의 가장 큰 장점 아닐까요?

야닝야닝에게 모두 물어보세요!
자주 받는 질문 Q&A

뜨개 작품 세탁은 어떻게 해야 하나요?

코바늘 작품들은 대부분이 소품류라 웬만하면 세탁을 안 하는 게 가장 좋기도 히고, 또 세탁이 굳이 필요 없기도 해요. 그래도 언젠가는 필요할 수 있으니 방법을 알려드릴게요.
찬물 혹은 미지근한 물에 중성세제를 적당히 풀어 오염 부위 위주로 살살 손세탁해주세요. 만약 무작정 세탁기에 돌려버린다면 편물 형태가 망가질 수도 있답니다. 이때 진한 색의 편물이라면 간혹 물빠짐이 있을 수 있어요.
뚝뚝 떨어지는 물기는 마른 수건으로 눌러가며 제거해주시고, 직사광선이 내리쬐는 곳보다는 바람이 잘 통하는 그늘에 모양을 잘 잡아 말려주세요. 강한 열을 뿜는 건조기는 편물이 쪼그라들 수 있으니 절대 사용하시면 안 됩니다!
사실 정석은 이렇습니다만, 양심 고백(?)을 하자면 저는 세탁기를 몇 번 사용해봤어요. 저도 손빨래의 귀찮음을 알거든요. 형태가 망가져도 될 것 같은 네트백류라던가, '이게 망가져봤자 얼마나 망가지겠어'싶은 머플러류를 세탁기에 넣고 돌려봤는데, 운이 좋았던 건지 다행히 무사했답니다. 경험상 빡빡하게 뜬 것보다는 약간 느슨하게 뜨는 작품들이 위험 부담이 적은 것 같더라고요. 예를 들면 원래 7~8호 코바늘을 쓰는 실인데 10호 코바늘로 성글게 뜬 '쁘띠 코지 머플러'처럼요. 그치만 이건 리스크가 아주 큰 행동이기 때문에 권하고 싶지는 않아요. 그러니 여러분들은 안전하게 손빨래하시는 걸로!

원작 실과 굵기가 비슷한 실이 있어요. 이걸로 대신해서 만들어도 될까요?

되기도 하고 안 되기도 합니다. 뭔 답변이 이러냐고요? 단순히 굵기만 똑같다고 해서 똑같은 느낌이 나오지는 않거든요. 예를 들어볼게요.
코나 실과 단디 실은 두께가 비슷해요. 그런데 코나는 안에 솜이 들어 있기 때문에 실 자체가 폭신폭신하고, 단디는 여러 가닥의 원사를 꼬아 만들었기 때문에 단단한 편이예요. 그래서 같은 작품이라도 코나로 만들면 사이즈가 조금 더 작아지고, 편물은 비교적 유연한 편이죠. 반면 단디로 만든 건 사이즈가 더 커지고 편물이 더 딴딴하답니다. 이렇듯 같은 두께라도 제조 방식이나 소재가 조금씩 다 다르다 보니, 원작 실을 대체할 실을 찾는다면 여러 가지를 고려해서 선택하는 것이 좋아요. 게다가 실 브랜드마다 양도 다르기 때문에 몇 볼이 필요할지 미리 가늠하는 것도 정말 어렵거든요. 그래서 웬만하면 원작 실을 사용하는 것이 정신 건강에 좋긴 합니다. 하하.

평소 색 조합은 어떻게 하시나요?

색 조합 역시 작품의 영감이 떠오를 때와 마찬가지로 여러 가지 상황에서 얻는 편이에요. 아예 처음부터 작정하고 패션 잡지 등을 뒤적여 발견하거나, 우연히 보게 된 아트워크에서 아이디어를 얻기도 하죠.
'저는 패션에도 별 관심 없고, 색 조합이 너무 어려운데 어떡하죠?' 그렇다 해도 어렵게 생각하실 필요 없어요. 당장 내 주변만 봐도 참고할 수 있는 것들이 무궁무진하거든요. 집에 잔뜩 모아놓은 쇼핑백들을 한번 볼까요? 의외로 한눈에 팍 꽂히는 녀석이 있을 거예요. 바탕과 로고의 색이 은근 잘 어울리죠. 아니면 자주 신던 운동화는 어때요? 자세히 들여다보지는 못했을 텐데, 운동화 끈과 바탕색 등을 가만히 살펴보면 그동안 몰랐던 조화로움이 느껴질 거예요. 이렇게 여러 가지 조합을 눈으로 익히면서 나만의 취향을 찾아가는 거죠. 점점 색들과 친해지는 거예요.

작품의 영감은 어디서 얻으시나요?

아이디어는 정말 때와 장소를 가리지 않고 떠올라요. 바깥에서 사람들 구경하다가, 어떤 실을 딱 보고 뭘 만들까 골똘히 생각하다가, 잠들기 전 갑자기, TV에서 어떤 장면을 보고, 아이쇼핑을 하다가, 내가 갖고 싶은 게 생겨서 등등 아주 다양한 상황에서요. 이때는 떠오른 걸 잊어버리지 않게 재빨리 메모해두는 게 중요하답니다.
'믹스 네드백'의 시작은 어느 여름날 백화점에서의 아이쇼핑이었어요. '다른 가방들은 여러 가지 색으로 잘 나오는데, 왜 네트백은 한 가지 색으로밖에 못 만들까?'라는 생각이 들었고, 그래서 이런저런 시도 끝에 탄생하게 됐어요. 또 '쁘띠 코지 머플러'는 인터넷에서 우연히 바스켓 위브 스티치로 만든 가방을 봤는데, '저 무늬로 머플러를 만들면 어떨까?'라는 생각으로 뚝딱뚝딱 만들어본 작품이었고요.

이것들 외에도 책에는 실리지 않았지만 기성 브랜드 제품을 코바늘로 재현해본 '딥라인 버킷햇'도 있고, 제가 아주 오래전부터 들고 다녔던 큼지막한 숄더백을 오마쥬해서 색다르게 만들어본 '마쿠로 백'도 있습니다. 여기까지만 보면 아이디어가 잘 떠올라서 좋겠다고 생각하는 분들도 계시겠지만, 안타깝게도 영감을 반짝 얻었다고 해서 작품까지 바로 나와주는 건 아니더라고요.

수차례의 실패 끝에 비로소 대중들에게 '작품'이라는 타이틀을 얻게 된 녀석들도 있지만, 결국 머릿속의 그 아이디어를 현실화하는 데 실패해서 영영 빛을 보지 못한 비운의 친구들도 정말 많답니다. 몇 날 며칠을 매달렸던 고생이 물거품이 되는 순간이죠. 하지만 어쩌겠어요. 이게 바로 작가의 숙명인 것을!

손목 관리는 어떻게 하시나요?

저는 작품을 세상 밖에 내놓기 위해서 정말 코바늘 코팅이 벗겨질 정도(?)로 뜨개를 많이 한답니다. 어떤 때에는 하도 원하는 대로 안 나와서 내리 3일간 쉬지 않고 뜨개만 한 적도 있어요. 당연히 손목에 무리가 갈 수밖에 없죠. 저는 뜨개 속도도 빠른 편이라 양쪽 팔까지 저릿저릿 하더라고요. 이럴 때는 사실 손목에 '파스'를 붙여 버티는 게 다반사긴 해요. '손목 보호대'를 착용해보기도 했는데, 한 번 착용하고 나면 손목을 전혀 움직일 수가 없어서 이건 그냥 휴식할 때만 쓰고 있어요(참고로 착용 후에도 손목을 자유롭게 움직일 수 있다면, 그건 손목 보호가 전혀 안 되는 '가짜 손목 보호대'라고 하네요). 나중에는 손목 강화 운동에 좋다고 해서 '자이로볼'이라는 것도 써봤는데, 저는 영 손이 안 가서 결국 지인에게 줘버렸어요.

그래서 무엇보다도 가장 좋은 방법은 '그냥 코바늘을 내려놓고 쉬는 거'예요. 너무 허무한 방법이죠? 하하. 근데 정말이에요. 병원에서도 그러더라고요. 이럴 때는 당분간 뜨개를 좀 쉬라고요.

그래서 평소에 손목을 이리저리 돌려가면서 스트레칭을 자주 해요. 가끔은 냉/온찜질도 해줍니다. 여러분들과 오래오래 뜨개를 하려면 아프기 전에 관리를 잘 해야 하니까요.

Part 03

뜨개 작품 만들기

1편 2편

데이지
버킷햇

사용한 실
겨울 피카소울 10ply 4~5볼
여름 한지면 4~5볼
(기본: 바탕 2, 꽃잎 1, 수술 1 / 라지: 바탕 3, 꽃잎 1, 수술 1)

사용한 바늘
모사용 코바늘 7호

완성 크기
<u>기본(M)</u> 여성 평균 머리둘레 53~54cm 기준(살짝 타이트할 수 있음)
<u>라지(L)</u> 남성 평균 머리둘레 57~58cm 기준(여자가 쓰기에 여유 있는 정도)

준비물
돗바늘, 마커, 가위

6장의 모티브를 연결해 만드는 버킷햇입니다.
책에는 라지 사이즈 도안을 포함했어요.
라지는 남성, 혹은 조금 더 여유롭게 착용하고 싶은 여성을 위한 사이즈입니다.
원작 실(피카소울) 기본 사이즈는 여성 평균 머리둘레(53~54cm) 기준으로 제작했으나,
개인에 따라 조금 타이트하게 느껴질 수 있어요.
여름용 한지면 버전은 실 특성상 원작보다 전체적으로 더 커집니다.
특히나 한지면으로 만든 라지 사이즈는 굉장히 크니 제작 시 참고해주세요.
(피카소울 M < 피카소울 L = 한지면 M < 한지면 L)

NOTE
○ 이 작품에서는 주로 쓰이는 무사슬 기법을 '정석'으로 보여드립니다. 다른 작품에서보다 조금 더 디테일해요.
○ 영상은 1편(모티브 만들기)과 2편(모자 완성)으로 나뉘어져 있습니다.

∞—— 시작하기

01:15 먼저 데이지의 수술 부분을 만들어줍니다.
매직링을 만들어 링 안에 한길긴뜨기를 12개 만들어주세요.
무사슬 기법으로 시작합니다. 뜨고 있던 실을 잘라 마무리해주고
매직링 꼬리실을 당겨주세요.
* 무사슬 매직링은 *P.72* 참고.

14:59 꽃잎을 입체로 만들길 원한다면 <꽃잎-입체>로, 평면으로 만들길
원한다면 <꽃잎-평면>으로 이어서 진행해주세요. 참고로 입체 버전이
실을 더 많이 씁니다.

∞—— 꽃잎-입체

04:52 꽃잎 색 실로 바꿔 팝콘 스티치*를 떠줍니다. 입체 버전에서는 무사슬
기법을 사용하지 않습니다. 코를 뜰 때는 코머리가 아닌 기둥 사이로
바늘을 넣어 떠주세요. 팝콘뜨기와 팝콘뜨기 사이에는 사슬 2개를
넣어줍니다.

마시막 팝콘뜨기가 끝나면 마지막으로 사슬을 2개 떠 처음 꽃잎을
만들었던 곳에 빼뜨기를 해주세요. 다시 사슬을 1개 뜨고 실을 잘라 빼내
당겨주면 매듭이 생깁니다.

∞—— 꽃잎-평면

10:06 꽃잎 색 실로 바꿔 무사슬 기법을 사용해 한 코에 두길긴 3코 모아뜨기를
해 꽃잎을 총 12개 떠줍니다. 꽃잎과 꽃잎 사이에는 사슬 2개를
넣어주세요. 평면 버전도 코머리가 아닌 기둥 사이로 바늘을 넣어 뜹니다.
꽃잎을 12장 다 떴다면 마지막으로 사슬 2개를 떠주고 마커를 표시한 코
다음 코에서 마무리를 해주세요.
* 모아뜨기는 *P.68* 참고, 무사슬 기법 단 시작하기는 *P.75* 참고.
* 무사슬 기법으로 진행하기 때문에 마커를 다는 위치와 마무리 하는 코의 위치에
　주의하세요.

팝콘 스티치

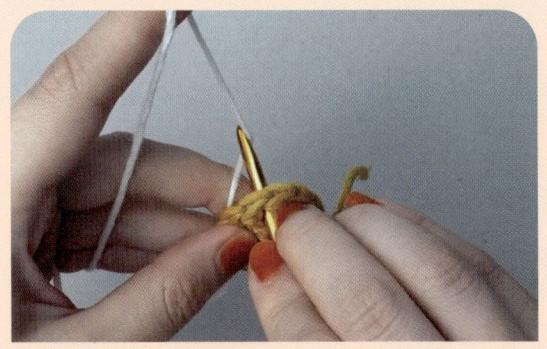

01 기둥 사이로 바늘을 찔러 꽃잎 실을 빼내주세요.

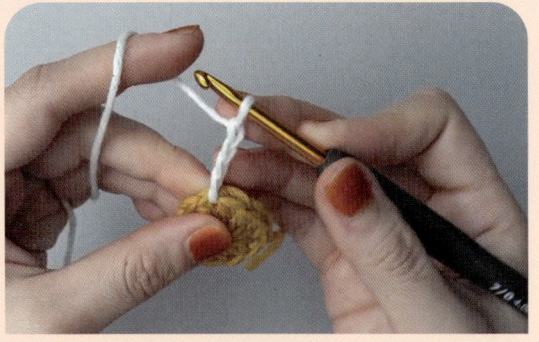

02 사슬을 4개 떠줍니다. 기둥사슬이므로 두길긴뜨기 1코의 역할을 해줍니다.

03 두길긴뜨기를 3개 떠줍니다. 다음 팝콘뜨기부터는 사슬뜨기 없이 두길긴뜨기만 4개 떠줍니다.

04 코를 살짝 늘린 후 바늘을 빼주세요.

05 첫 코에 바늘을 넣고 빼둔 코를 바늘에 걸어주세요.

06 코를 그대로 빼뜨기 해주세요. 빼뜨기 코가 커져서 늘어지지 않도록 주의하세요.

∞∞— **사각 테두리**

15:12

메인 실로 바꿔 꽃잎 주변에 테두리를 둘러줍니다. 전 단에 사슬 2코 만들었던 공간에서 시작합니다.

1단 바늘에 실을 감고 사슬 공간에 넣어 가져오면서 짧은뜨기 1, 사슬 1을 떠줍니다(무사슬 한길긴뜨기 첫 코 역할). 같은 코에 두 번째 한길긴뜨기를 1개 만들고 시작 마커를 달아줍니다. 마지막으로 같은 코에 한길긴뜨기를 1개 더 떠주면 사슬 공간에 총 3개의 한길긴뜨기가 들어갑니다. 사슬 공간마다 한길긴뜨기 3개씩 떠주면서 모서리(총 4군데)에는 [두길긴뜨기 3, 사슬 2, 두길긴뜨기 3]을 떠줍니다. (총 56코) 돗바늘로 코를 만드는 마무리*p.73*로 정리합니다.

* 라지 사이즈를 만들려면 짧은뜨기를 1단 더 둘러주는데, 무사슬 기법 단 넘어가기*P.74* 방식으로 단을 시작합니다. 각 코에 짧은뜨기를 하면서 모서리(사슬 2개인 부분)에는 짧은뜨기를 4개 떠줍니다. (총 64코)

위의 방법대로 6장의 모티브를 만들어주세요.

∞∞— **모티브 잇기**

21:07

모티브 2장을 먼저 이어줍니다. 모티브 너비의 4배 길이로 실을 자른 후 돗바늘에 꿰어줍니다. 모티브 마무리 단계에서 생긴 꼬리실은 연결 부위에 오지 않도록 위 또는 아래로 오게 두세요. 모티브를 안면끼리 마주보게 잡고 바느질을 시작합니다. 이어주는 콧수는 한 변당 총 14코(라지는 16코)입니다.

* 꼬리실은 위나 아래로 가게 해주세요.

* 모서리의 사슬 1코씩을 포함해서 총 14코가 됩니다.
  (라지는 2코씩을 포함해서 총 16코)

모티브의 모서리 사슬 2개 중 연결하려는 '사슬 반 코'와 맞은편 모티브의 '사슬 반 코'에 마커를 함께 걸어 두 모티브를 연결해둡니다. 반대쪽부터 바느질을 시작해 마커가 표시된 부분이 마지막 연결 코입니다. 마주보고 있는 코의 안쪽 반 코씩만 주워 바느질로 연결해줍니다. 14코(라지는 16코)를 다 잇고 양쪽에서 당겨주면 연결 부분이 자연스럽게 마무리됩니다.

남은 실은 매듭을 지어 돗바늘로 마무리해주세요.

6장을 이어주고 1번 모티브와 마지막 6번 모티브를 연결해 원통 모양으로 만들어줍니다.

∞— 모티브 테두리 1

26:27 모티브를 다 이었으면 모티브 윗부분에 긴뜨기를 빙 둘러줍니다.

27:09 **1단** 모티브 코너 사슬 공간에 짧은뜨기 1(무사슬 긴뜨기 첫 코 역할, 만들어진 코 뒤쪽 반 코에 마커), 다음 코에 긴뜨기 1(두 번째 긴뜨기 코에 시작 마커), 끝까지 긴뜨기.
편물 뒤로 꼬리실을 감추며 진행해주세요.
* 라지 사이즈의 경우는 사슬 공간에 긴뜨기 1개가 아니라 2개가 들어갑니다.
* 모티브 1장당 14코(라지는 16코)이므로 총 84코(라지는 96코)가 됩니다.
* 두 번째 긴뜨기 자리는 빠뜨리기 쉽습니다. 이 코를 빠뜨리면 전체 코가 14코가 아닌 13코가 되어버리니 두 번째 긴뜨기 뜨는 지점에 주의하세요.

30:18 마지막 모티브의 마지막 14번째 긴뜨기는 가장 처음 마커를 달아두었던 반 코에 바늘을 넣어 실을 끌어옵니다. 바늘에 걸린 4가닥을 한꺼번에 통과해줍니다. 실을 자르고 돗바늘로 시작 마커를 달아둔 두 번째 코에 돗바늘로 코 만들기 마무리를 해줍니다.
* 돗바늘로 코 만들기 마무리는 *p.73*을 참고해주세요.

* 여기서부터는 2편 영상입니다.

∞∞— 모자 윗부분

00:16

1단 매직링을 만들어 링 안에 한길긴뜨기를 총 12개 만들어주세요. 무사슬 기법으로 시작합니다.

* 짧은뜨기 1개 후 뒤쪽 반 코에 마커, 그 위에 사슬 1개를 뜨면 무사슬 한길긴뜨기 첫 코가 됩니다. 그다음에 뜨는 두 번째 한길긴뜨기 코머리에 시작 마커를 달아줍니다.
* 무사슬 기법 단 넘어가기 *p.74* 방식으로 단을 마무리해줍니다(불완전한 코머리).
* 마무리하면서 만든 '불완전한 코머리'는 실을 너무 당기면 길이가 짧아져 안 보일 수 있으니 주의해주세요.
* 뒤에 나오는 모든 단의 마무리는 무사슬 기법 단 넘어가기 *p.74* 방식을 사용해주세요.

03:50

2단 무사슬 기법으로 미완성 한길긴뜨기를 만들어줍니다. 같은 코에 두 번째 한길긴뜨기를 만들고 시작 마커를 달아줍니다. 여기까지 하면 첫 번째 세트가 완성됩니다. 각 코마다 한길긴뜨기 2개씩 떠주세요. (총 24코)

* 앞으로 나오는 모든 한길긴뜨기 단의 시작은 무사슬 기법을 사용해주세요. 무사슬 기법 단 시작하기 *p.75* 참고.

06:35

* 한 코에 2개의 코를 만드는 코늘리기는 V로 표기합니다.

3단 [한길긴뜨기 1, V]×12 (총 36코)
4단 [한길긴뜨기 2, V]×12 (총 48코)
5단 [한길긴뜨기 3, V]×12 (총 60코)
6단 [한길긴뜨기 4, V]×12 (총 72코)
7단 [한길긴뜨기 5, V]×12 (총 84코)

* 라지 사이즈는 [한길긴뜨기 6, V]를 12회 반복해 1단을 더 떠주세요. (총 96코)

마지막 단까지 완료하면 실을 자르고 돗바늘로 코 만들기 마무리 *p.73*로 실을 정리해주세요.

∞∞— 이어주기

15:58

윗부분 지름의 5배로 실을 자른 후 돗바늘에 꿰어주세요. 모티브 잇기와 같은 방식으로 윗부분과 원통 모티브를 총 84코(라지는 96코) 각각 반 코씩 이어줍니다. 중간중간 실을 당겨가며 진행하세요.

∞∞ — 모티브 테두리 2

19:24 원통 모티브 윗부분에 긴뜨기로 둘러준 것과 같은 방식으로 아래 부분에 긴뜨기를 떠줍니다. 다만 이번에는 코늘리기(V)가 들어갑니다.
모티브 모서리 사슬 공간에 무사슬 기법으로 긴뜨기 첫 코 만들기(만들어진 코 뒤쪽 반 코에 마커), 다음 코에 두 번째 긴뜨기(코머리에 시작 마커). [긴뜨기 6, V]×12. (총 96코)

* 라지는 모티브 모서리 공간의 짧은뜨기 2개 중 1개에서부터 시작. [긴뜨기 7, V] 반복. (총 108코)
* 무사슬 기법 단 시작하기는 *p.75* 참고.

무사슬 단 넘어가기 기법 *p.74*을 사용해 마무리합니다. 다음 단부터 한길긴뜨기를 이용해 챙을 늘려갑니다.

∞∞ — 챙

24:15 각 단의 시작 부분은 모자 윗부분과 동일한 방식을 사용합니다. 각 단의 마무리는 무사슬 단 넘어가기 *p.74*를 사용해주세요.

1단 [한길긴뜨기 7, V]×12 (총 108코)
* 라지는 [한길긴뜨기 8, V]×12 (총 120코)

2단 [한길긴뜨기 8, V]×12 (총 120코)
* 라지는 [한길긴뜨기 9, V]×12 (총 132코)

3단 [한길긴뜨기 9, V]×12 (총 132코)
* 라지는 [한길긴뜨기 10, V]×12 (총 144코)

4단 [한길긴뜨기 10, V]×12 (총 144코)
* 라지는 [한길긴뜨기 11, V]×12 (총 156코)

5단 [한길긴뜨기 11, V]×12 (총 156코)
* 라지는 [한길긴뜨기 12, V]×12 (총 168코)

∞∞ — 마무리

28.23 실을 자르고 돗바늘에 실을 꿰어 정리해줍니다.

리본 짐색

사용한 실
S 코튼필드 4볼 또는 벨벳 3볼
L 코튼필드 6~7볼 또는 벨벳 4볼

사용한 바늘
모사용 코바늘 8호

완성 크기(코튼필드 기준)
(벨벳은 세로 길이가 약간 더 길어지는 편이에요)
S 가로 22×세로 30cm
L 가로 28×세로 37cm

준비물
돗바늘, 가위, 자, 라이터, 마커, 스토퍼, 16mm 리본 3m, 정사각 라벨, 반짇고리

S와 L 두 가지 사이즈로 떠보는 짐색입니다. 백팩이나 크로스백으로 다양하게 연출할 수 있습니다. L 사이즈 원작은 코튼필드 6볼로 완성했으나, 개인에 따라 실이 약간 부족한 경우도 생길 수 있어요.
손땀이 작지 않은 분들은 안전하게 1볼 더 준비하는 것을 추천합니다.
실 특성상 코튼필드에 비해 벨벳으로 뜬 작품이 훨씬 가볍습니다.

NOTE
o 벨벳으로는 실 1겹, 코튼필드로는 실 2겹을 잡고 뜨는 작품입니다.
2겹으로 진행하다 보면 코바늘 기법 특성상 어느 정도는 실이 꼬일 수밖에 없는데요.
실이 너무 많이 꼬인 채 진행하면 실 사용량에 영향을 미칠 수 있으니, 중간중간 꼬임을 풀어가며 떠주세요.

∞— 시작하기

04:07 실 2겹을 사용해서 기초사슬을 (S)는 32개, (L)은 42개 뜹니다(짝수). 마지막 사슬 오른쪽 반 코에 마커를 걸어주세요.

∞— 바닥

05:37 꼬리실을 뒤로 감추며 진행합니다. 1단 후 꼬리실 끝이 보이는 쪽이 안면이 됩니다.

1단 기둥사슬 1, 두 번째 사슬에서부터 한 코에 하나씩 짧은뜨기를 사슬 위아래로 빙 둘러 뜹니다. 첫 코에 빼뜨기로 마무리. (총 S는 64코, L은 84코)

2단 기둥사슬 1, 한 코에 하나씩 짧은뜨기. (S) 64코, (L) 84코.

* 매단 첫 번째 짧은뜨기 코머리에 마커를 달아두면 시작점을 확인하기 편리합니다.

∞— 무늬

11:13 **1단** 첫 코에만 [기둥사슬 1, 짧은뜨기 1, 사슬 1, 한길긴 2코 모아뜨기 1, 사슬 1] 그다음부터는 [한 코 건너뛰고 한길긴 3코 모아뜨기 1, 사슬 1]×31. 빼뜨기로 마무리.

1단을 반복해 (S) 16단, (L) 22단까지 떠주세요. 1단 시작 지점의 사슬 공간만 다른 지점들에 비해 큰 게 맞습니다. 어깨끈을 끼울 때 해결되는 부분이니 걱정 마세요. 다 뜬 편물에서 대각선이 보이는 면이 가방 뒷면입니다.

* 한길긴 3코 모아뜨기는 *p.69* 참고.

∞— 조리개

22:10 **1단** 첫 코*에만 [기둥사슬 1, 짧은뜨기 1, 그 위에 짧은뜨기 1개 더, 사슬 1]. 다음 사슬 공간에 [한길긴뜨기 1, 사슬 1]×31.

1단을 반복해서 5단까지 떠주세요. 5단까지 완료되었다면 실을 잘라 숨겨주세요. 몸통 부분이 완성되었습니다.

리본을 잘라 가방의 조임끈을 만듭니다. 샘플 기준 S는 80cm, L은 90cm를 사용했어요. 더 짧은 것이 좋다면 좀 짧게 진행해도 됩니다.

조리개 첫 코

01 사슬을 1코 만들어줍니다.

02 다음 코(사슬 공간)에 바늘을 넣어 실을 끌어옵니다.

03 실을 살짝 위로 당겨 그대로 짧은뜨기를 하나 해줍니다.

04 방금 만든 짧은뜨기의 왼쪽 다리에 바늘을 넣어 실을 끌어옵니다.

05 그대로 짧은뜨기를 하나 더 만들어줍니다.

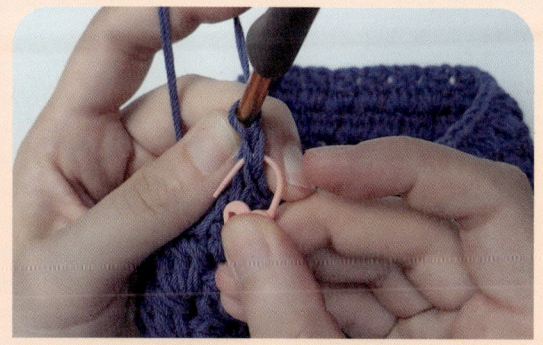

06 여기가 조리개 1단의 시작코입니다. 마커를 달아주세요.

조리개 두 번째 단에 끈을 끼웁니다. 리본 끝에 스토퍼를 끼우고
적당한 지점에 매듭을 지어 스토퍼가 빠지지 않게 해주세요.

26:19   ∞——— **조리개 리본 끼우기**

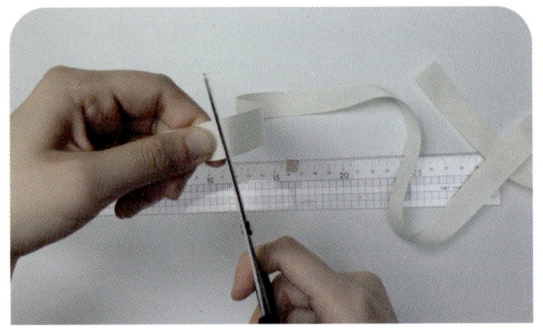

01 리본을 필요한 길이만큼 잘라줍니다. 반듯하게 잘라주세요.

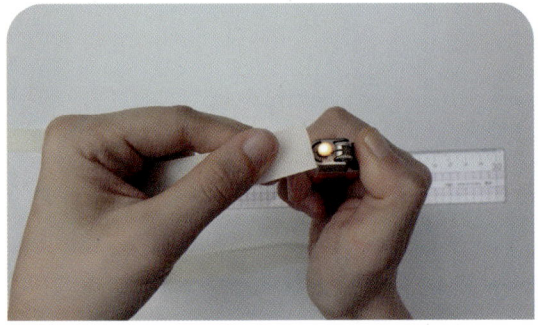

02 올이 풀리지 않도록 라이터의 푸른 불꽃을 이용해 지져주세요.

03 가방 본체의 조리개 단 두 번째 단의 측면으로 끈을 꿰어줍니다.

04 구멍에 걸리도록 끈을 이리저리 끼워주세요.

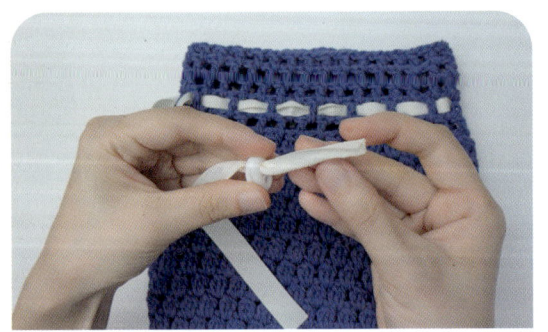

05 다 끼웠으면 양쪽 끈을 스토퍼에 통과시켜줍니다.

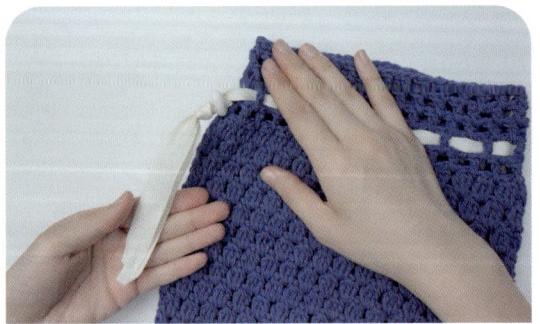

06 매듭을 지어 완성합니다.

∞∞∞— 어깨끈

28:46 새우뜨기*를 이용해 어깨끈을 만듭니다. 끈 길이는 취향대로 조절해도 되지만 가능하면 샘플과 비슷한 정도의 길이(약 170~190cm)로 만들어주세요. 길이를 재기 전, 끈을 쭉쭉 당겨 돌돌 말린 형태를 어느 정도 완화하고 측정합니다. 실을 잘라 완전히 마무리한 후에는 길이 수정이 번거로우니 그 전에 가방에 끼워 매듭을 지어보고 길이감을 테스트해보세요.

*p.101*을 참고하여 (S)는 2개, (L)은 5개의 리본을 만듭니다. 리본을 최소 30cm로 잘라 준비합니다. 리본을 자를 때는 반듯하게 잘라주세요. 만든 리본을 가방에 달고, 취향에 맞춰 라벨을 달아주면 완성입니다.

* 라벨 다는 법은 *p.78* 참고.

새우뜨기

01 꼬리실을 길게 남겨두고 사슬을 2개 만듭니다.

02 첫 번째 사슬에 바늘을 넣어 실을 가져옵니다.

03 실을 걸어 2가닥을 한꺼번에 통과해줍니다.

04 다음 코가 들어가는 자리에 주의하세요. 옆으로 살짝 돌려 아래 톡 튀어나온 가닥(처음 만든 사슬 중 두 번째 사슬의 오른쪽 가닥)에 바늘을 넣어줍니다.

05 실을 가져와 앞의 1가닥만 통과합니다(이때 바늘에 걸려 있는 2가닥이 너무 타이트하면 다음 진행이 어렵습니다. 적당한 텐션을 유지해주세요).

06 다시 한번 실을 가져와 바늘에 걸린 2가닥을 한꺼번에 통과해줍니다.

07 다음에는 아래 2가닥에 바늘을 통과해줍니다.

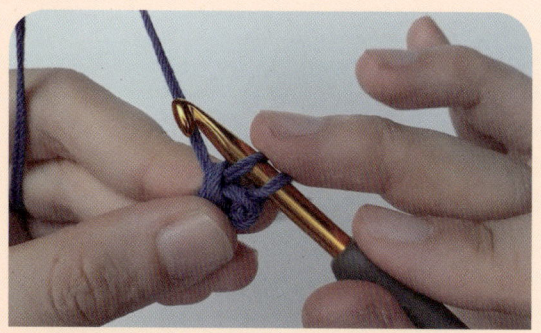

08 실을 걸어 앞의 2가닥만 통과해주면 다시 바늘에 2가닥이 남습니다.

09 남은 2가닥을 한꺼번에 통과해줍니다. 원하는 길이가 될 때까지 7번부터 반복합니다.

10 마지막에는 아래 2가닥에 바늘을 통과한 다음 바늘에 걸린 3가닥을 한꺼번에 통과해줍니다.

11 마무리 사슬을 1개 뜨고 실을 잘라 빼냅니다(실을 자르기 전, 끈길이가 적당한지 반드시 확인하세요).

12 돗바늘에 끼워서 안쪽으로 실을 숨겨 정리합니다.

어깨끈 끼우기

01 가방 뒷면 가운데 부분, 조리개 1단에 끈을 끼웁니다. 총 3칸을 사용합니다.

02 앞에서 뒤로 끈을 넣고 한 칸 지나 다음 칸에서 앞으로 빼줍니다.

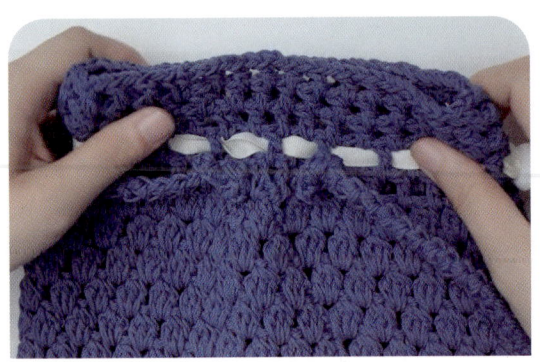

03 양쪽 길이가 같도록 잘 맞추고 양쪽에 매듭을 지어줍니다.

04 아래 1단의 두 번째 구멍(무늬 1.5개 앞)에 끈을 위에서 아래로 넣어줍니다.

05 끝을 통과시킵니다.

06 매듭을 지어 길이를 조절합니다. 4~6번을 반대편에도 똑같이 반복합니다.

리본 장식 만들기

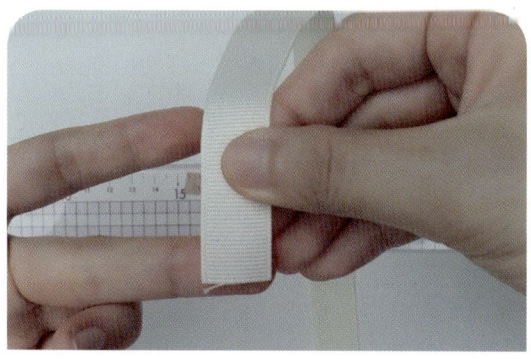

01 리본 끝을 중지 아래 쪽에 맞춰주세요.

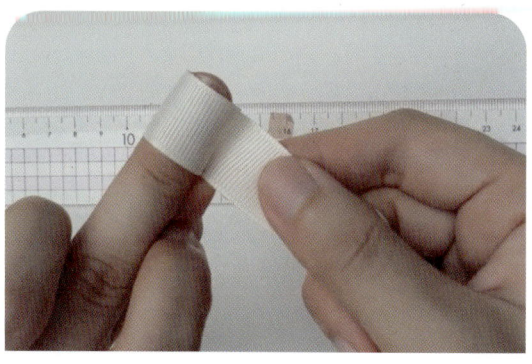

02 리본 끝을 중지에 말아주세요.

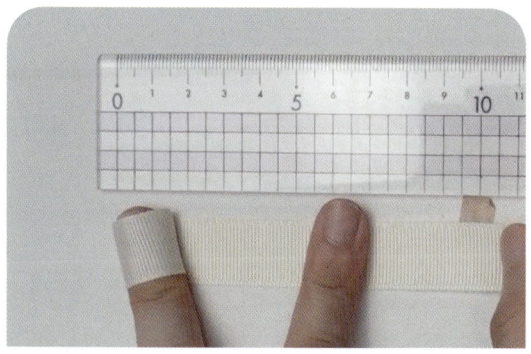

03 검지와 중지의 간격에 따라 리본 크기가 결정됩니다 (원작은 7cm까지).

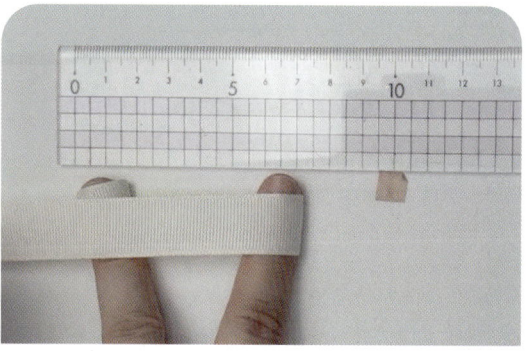

04 오른편의 리본을 반대쪽으로 넘겨주세요.

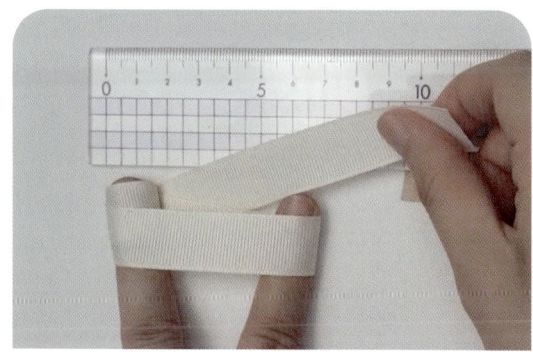

05 넘긴 리본을 중지 아래로 깔아 가운데로 가져오세요.

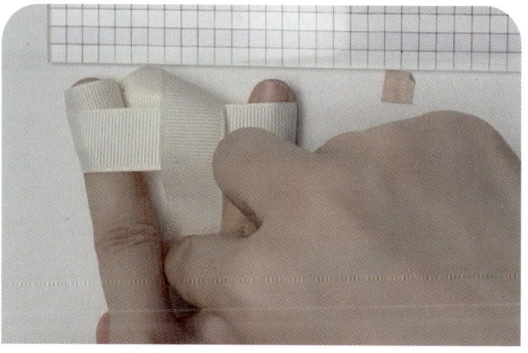

06 리본 끝을 손가락 사이로 넣어주세요.

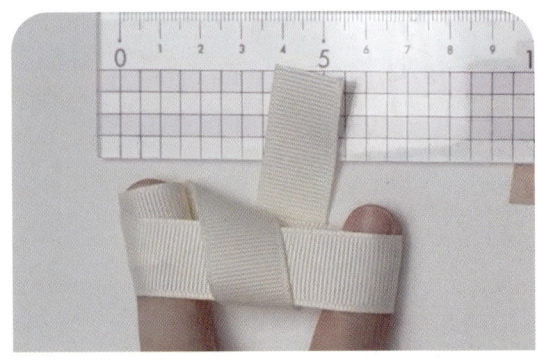

07 검지와 중지에 걸린 리본을 감싸듯이 끝을 위로 빼줍니다.

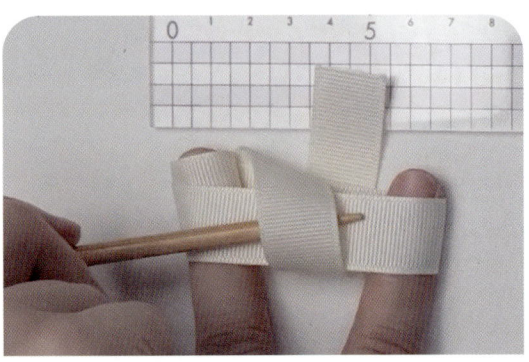

08 리본 끝을 가운데 고리에 왼쪽에서 오른쪽으로 넣고 당겨주세요.

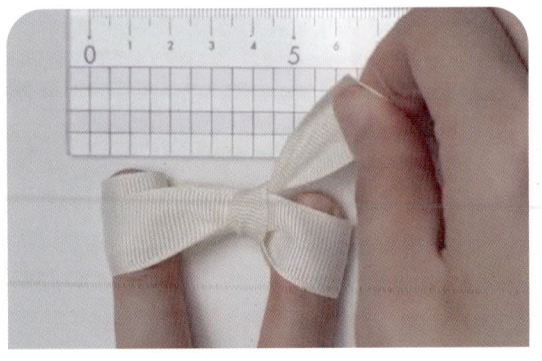

09 매듭이 중앙에 잘 오도록 리본을 당기면서 손가락을 뺍니다.

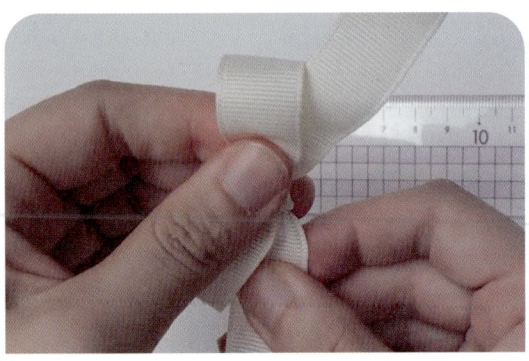

10 반대쪽 리본 끝도 정리해줍니다.

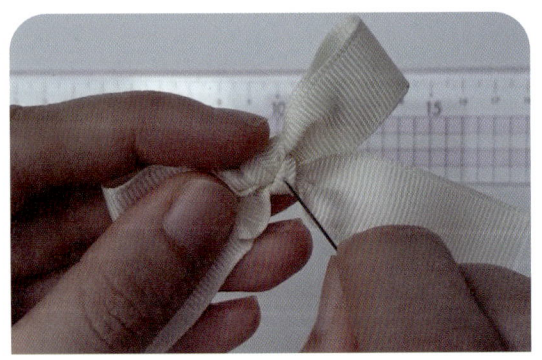

11 반짇고리를 이용해 리본이 풀리지 않도록 고정해주세요.

12 원하는 길이만큼 리본 끝을 잘라 라이터의 푸른 불꽃으로 지져 올이 풀리지 않도록 해주세요.

리본 장식 붙이기

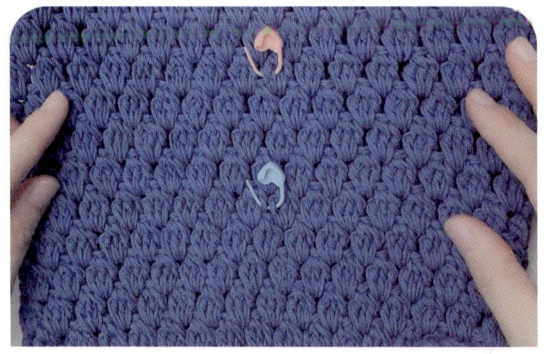

01 리본 장식의 위치를 마커로 표시합니다. (S)는 무늬 5단, 9단에 각각 1개씩 / (L)은 무늬 7단에 3개, 13단에 2개를 달았습니다.

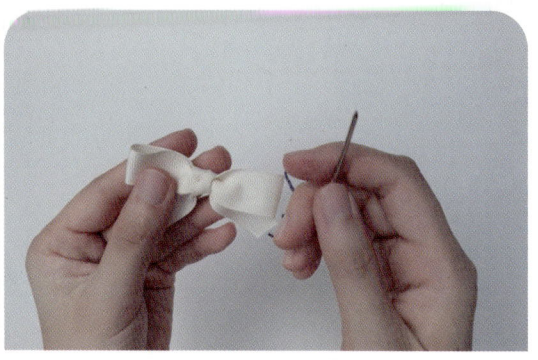

02 작품에 사용한 실을 30cm 정도 잘라 돗바늘에 꿰어 준비합니다.

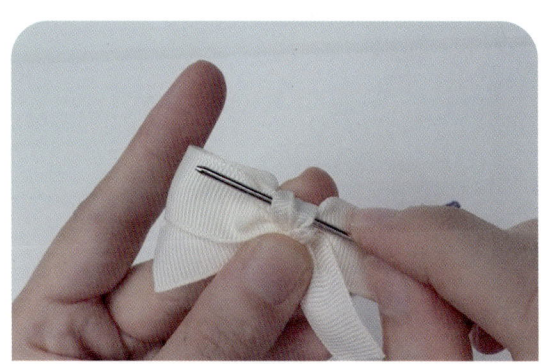

03 리본 뒷면에 바늘을 꽂아줍니다.

04 양쪽 실 길이가 비슷하도록 당겨줍니다.

05 양쪽의 실을 모두 가방 안쪽으로 통과시킵니다.

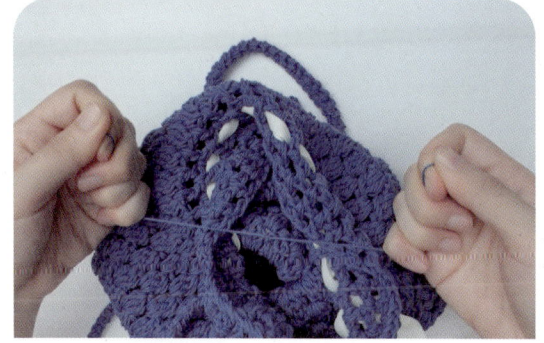

06 뒤에서 2~3번 매듭을 짓고 남은 실은 돗바늘로 정리해줍니다. 완성 후 취향에 맞춰 라벨을 달아주세요.

딤섬
파우치 백

사용한 실
S·M 단디 1볼, 코튼필드 1볼
L 단디 2볼, 코튼필드 2볼

사용한 바늘
모사용 코바늘 10호

완성 크기 (파우치 입구 오므려 측정)
S 지름 15cm
M 지름 20cm
L 지름 23cm

준비물
돗바늘, 메탈 라벨, 마커, 민자 O링, 10mm 메탈 비즈 6개, 개고리

수납력 괴물! 원형뜨기로 사이즈를 자유롭게 조절할 수 있는
딤섬 파우치 백입니다. 개고리를 풀면 파우치를 완전히 펼칠 수 있어
큰 소지품을 넣기에도 좋아요. 메탈 비즈로 끈을 조여
작은 가방처럼 활용할 수 있답니다.

NOTE
○ 기본인 M 사이즈에는 각 1볼씩이 거의 다 쓰였습니다. 손땀에 따라 실이 부족할 수도 있으니, 손땀이 작지 않은 분들은 실 1볼씩을 더 준비하거나 9호 코바늘을 사용해주세요.

∞— 시작하기

02:12 단디 실로 매직링을 만들어 시작합니다. 사이즈를 늘려나가는 코늘림 단에서는 매 단마다 실을 바꿔, **홀수 단은 단디, 짝수 단은 코튼필드**로 떠줍니다. **첫 번째 한길긴뜨기 코는 무조건 사슬 3개**입니다. 한 코에 두 코를 넣어 만드는 **'코늘리기'는 'V'로 표현**합니다.

1단 매직링, 사슬 3, 한길긴뜨기 11개. (총 12코)
마지막 한 코를 남겨두고 매직링을 살짝 조입니다. 그리고 마지막 한길긴뜨기에서 실을 코튼필드로 바꿔줍니다. 빼뜨기까지 코튼필드로 해준 후 매직링을 완전히 조여 1단을 마무리합니다.

∞— 가방 본체

08:22 **2단** [한 코에 한길긴뜨기 2] (=V)×12 (총 24코)

15:05 **3단** [한길긴뜨기 1, V]×12 (총 36코)

18:55 **4단** [한길긴뜨기 2, V]×12 (총 48코)

21:48 **5단** [한길긴뜨기 3, V]×12 (총 60코)

25:34 **6단** [한길긴뜨기 4, V]×12 (총 72코)

27:43 **7단** [한길긴뜨기 5, V]×12 (총 84코)

29:54 **8단** [한길긴뜨기 6, V]×12 (총 96코)
* S 사이즈는 8단 이후에 바로 11단 구간으로 넘어가세요.

31:43 **9단** [한길긴뜨기 7, V]×12 (총 108코)

33:27 **10단** [한길긴뜨기 8, V]×12 (총 120코)
* L 사이즈는 공식에 맞춰 11단(9, V), 12단(10, V)까지 코늘림을 더 진행한 후 영상의 11단 구간으로 넘어가주세요.

35:13 **11단** 한 코에 하나씩 한길긴뜨기 평단. (총 120코)
단디를 사용하는 마지막 단입니다. 실을 잘라 마무리해줍니다.

36:27 **12단** 코튼필드로 한 코에 하나씩 한길긴뜨기 평단. (총 120코)

38:25 **13단** [V]×120 (총 240코)

40:24 **14단** [한길긴뜨기 2, V]×120 (총 320코)

본체가 끝났습니다. 실을 완전히 잘라 돗바늘로 정리해주세요.
조임끈을 만들기 위해 코튼필드를 지름의 3~4배 길이로 3가닥
준비해줍니다. 조임끈을 만들어 파우치에 끼우고 원한다면 라벨을 달아
완성합니다.

42:27   ∞∞— **조임끈 만들기**

01 메탈 비즈 6개에 실 3가닥을 모두 끼웁니다.

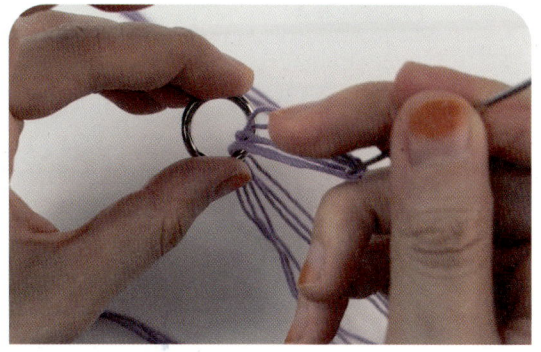

02 오링에도 통과해주세요.

03 양쪽 실이 섞이지 않도록 한쪽을 살짝 묶어두세요.
나중에 푸를 거니 너무 세게 묶지 마세요.

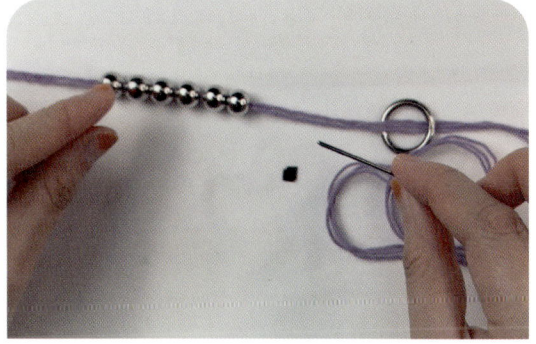

04 메탈 비즈 6개에 반대 방향으로 다시 실을
통과시켜줍니다. 구멍이 좁아 한꺼번에는 잘 들어가지
않으니, 2가닥 먼저 통과하고 1가닥을 통과시켜주세요.

 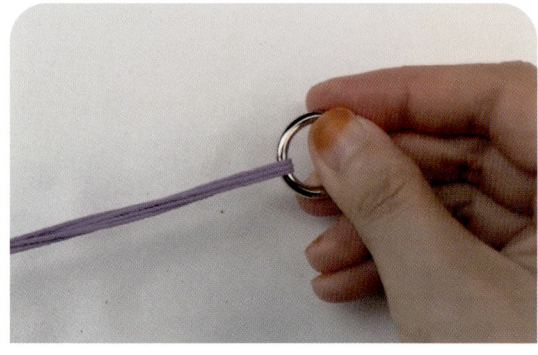

05 실이 잘 들어가지 않으면 끝을 조금 풀어서 납작하게 만들어주면 편리합니다.

06 다 끼웠으면 민자 O링을 기준으로 양쪽 가닥을 여러 번 당겨가며 중앙을 잘 맞춰주세요. 비즈는 전부 O링 방향으로 이동시킵니다.

47:18　　**조임끈 끼우기**

01 편물의 빼뜨기 라인 맞은편에서부터 끈을 한쪽씩 끼웁니다.

02 기둥 3개씩 걸쳐 실을 끼워주세요.

03 빼뜨기 라인 즈음에서 멈춥니다. 구멍이 다른 곳보다 크므로 쉽게 알아볼 수 있습니다. 반대쪽도 똑같이 실을 끼워줍니다.

04 양쪽의 가로선이 9개(S는 7개, L은 11개)인지 확인합니다.

05 한쪽 실을 돗바늘에 꿰어 개고리에 통과시키고 돗바늘을 안쪽으로 넣어줍니다.

06 반대쪽 실도 개고리에 반대 방향으로 통과시켜 안쪽으로 실을 넣어줍니다.

07 안쪽에서 매듭을 2번 정도 지어줍니다.

08 줄을 쭉 당겨 가방을 조여주세요.

09 개고리에 민자 O링을 걸어주고 비즈를 당겨 고정합니다. 완성 후 취향에 맞춰 라벨을 달아주세요.

머시룸 햇

사용한 실
한지면 3~4볼

사용한 바늘
모사용 코바늘 7호

완성 크기
여성 평균 머리둘레 53~54cm 기준

준비물
돗바늘, 라벨, 가위, 자

귀여운 버섯 모양을 닮은 머시룸 햇입니다.
종이실로 만들었기 때문에 굉장히 가벼운 것이 특징이에요.
독특한 셰입과 사랑스러운 챙 디테일이 포인트!

NOTE
◦ 모자 윗부분을 만들 때 중간중간 평단을 넣어 둥근 셰입을 표현했어요.
원작은 여성 평균 머리둘레에 맞춰 만들었습니다. 중간중간 써보면서 늘림을
생략하거나 더하면서 자기 사이즈에 맞게 만들어주세요.
◦ 원작은 실 3볼을 꽉 채워 사용했기 때문에 손땀에 따라 실이 모자라는 경우가 생길 수 있습니다.
손땀이 작지 않은 분들은 실을 1볼 더 준비하는 것을 추천해요.
◦ 모자 윗부분을 뜰 때는 단을 마칠 때마다 지름 사이즈를 확인해주세요.
◦ 전체적으로 다음 단으로 넘어갈 때는 무사슬 기법이 사용됩니다.
◦ 시작 부분에 마커를 달아두면 단을 구분하기 쉽습니다.

∞── 모자 윗부분

04:42

1단 매직링에 한길긴뜨기 12. (총 12코)

* 종이실이기 때문에 너무 세게 당기면 끊어질 수 있으니 조심해주세요.
* 무사슬 매직링으로 원형뜨기 시작하기는 *p.72* 참고.

07:46

2단 [앞걸어뜨기 1, 일반 한길긴뜨기 1]×12 (총 24코)

* 무사슬 기법 *p.74~75*을 참고해 다음 단 첫 코를 떠주세요.
* 한길긴뜨기는 기둥과 기둥 사이 빈 공간에 떠주세요.
* 여기까지 뜨면 지름은 약 5cm가 됩니다.
* 앞걸어뜨기 *p.70* 참고.

13:27

3단 [앞걸어뜨기 1코에 앞걸어뜨기 2(코늘리기),
일반 한길긴뜨기 1코에 뒤걸어뜨기 1]×12 (총 36코)

* 지름: 약 6.5cm.
* 뒤걸어뜨기 *p.71* 참고.

18:48

4단 [앞걸어뜨기 2, 뒤걸어뜨기 1코에 뒤걸어뜨기 2(코늘리기)]×12

(총 48코)

* 뒤걸어뜨기 늘림단.
* 지름: 약 8cm.

22:56

5단 [앞걸어뜨기 2, 뒤걸어뜨기 2]×12 (총 48코)

* 한 코에 하나씩 평단을 뜹니다.
* 시작은 코 순서상 앞걸어뜨기 1코만 뜨고 넘어갑니다. 나머지 앞걸어뜨기 1코는 쭉 돌아와서 떠줍니다.
* 지름: 약 9.5cm.

25:32

6단 [앞걸어뜨기 3(코늘리기 포함), 뒤걸어뜨기 2]×12 (총 60코)

* 앞걸어뜨기 늘림단.
* 시작은 코 순서상 뒤걸어뜨기 2코를 먼저 뜨고 나머지 앞걸어뜨기 3코는 쭉 돌아와서 떠줍니다.
* 지름: 약 11cm.

28:26

7단 [앞걸어뜨기 3, 뒤걸어뜨기 3(코늘리기 포함)]×12 (총 72코)

* 뒤걸어뜨기 늘림단.
* 시작은 코 순서상 뒤걸어뜨기 2코(코늘리기)를 먼저 뜨고 넘어갑니다. 나머지 뒤걸어뜨기 1코는 쭉 돌아와서 떠줍니다.
* 지름: 약 12.5cm.

31:17

8단 [앞걸어뜨기 3, 뒤걸어뜨기 3]×12 (총 72코)

* 한 코에 하나씩 평단을 뜹니다.
* 시작은 코 순서상 뒤걸어뜨기 1코만 뜨고 넘어갑니다. 나머지 뒤걸어뜨기 2코는 쭉 돌아와서 떠줍니다.
* 지름: 약 13.5cm.

32:44   **9단** [앞걸어뜨기 4(코늘리기 포함), 뒤걸어뜨기 3]×12 (총 84코)
* 앞걸어뜨기 늘림단.
* 지름: 약 15cm.

35:26   **10단** [앞걸어뜨기 4, 뒤걸어뜨기 4(코늘리기 포함)]×12 (총 96코)
* 뒤걸어뜨기 늘림단.
* 시작은 코 순서상 앞걸어뜨기 3코만 뜨고 넘어갑니다. 나머지 앞걸어뜨기 1코는 쭉 돌아와서 떠줍니다.
* 지름: 약 16.5cm.

코늘리는 곳은 처음과 마지막 왔다갔다 번갈아가면서 진행해주세요. 크기를 더 키우고 싶다면 단수를 더 늘려 동일한 방식으로 늘림을 진행하세요.

∞∞— 모자 몸통

38:23   몸통 1단부터는 원하는 길이만큼 평단으로 [앞걸어뜨기 4, 뒤걸어뜨기 4]를 반복해서 떠주세요(원작은 총 12단).
* 썼을 때 대략 눈썹 근처까지 오는 길이로 떠주세요.
* 처음 썼을 때는 착용감이 다소 타이트하다고 느낄 수도 있습니다. 신축성이 좋은 작품이니 손으로 쭉쭉 늘려서 다시 한번 착용해보세요.
* 무사슬 기법 특성상 단마다 첫 코는 계속 왼쪽으로 1코씩 이동합니다.

39:21   단 구분이 어려운 분들은 몸통 1단 코 기둥에 마커를 걸어 표시해주세요.

∞∞— 모자 챙

41:02   코를 늘리면서 챙을 만들어줍니다. 규칙에 맞춰 원하는 길이까지 떠주세요(원작은 총 7단).

42:02   **1단** [앞걸어뜨기 5(코늘리기 포함), 뒤걸어뜨기 4] * 12 (총 108코)
* 앞걸어뜨기 늘림단.
* 시작은 코 순서상 뒤걸어뜨기 2코만 뜨고 넘어갑니다. 나머지 뒤걸어뜨기 2코는 쭉 돌아와서 떠줍니다.

44:10 **2단** [앞걸어뜨기 5, 뒤걸어뜨기 5(코늘리기 포함)]×12 (총 120코)

* 뒤걸어뜨기 늘림단.

* 시작은 코 순서상 뒤걸어뜨기 2코(코늘리기)를 먼저 뜨고 넘어갑니다. 나머지 뒤걸어뜨기 3코는 쭉 돌아와서 떠줍니다.

45:45 **3단** [앞걸어뜨기 6(코늘리기 포함), 뒤걸어뜨기 5]×12 (총 132코)

* 앞걸어뜨기 늘림단.

4단 [앞걸어뜨기 6, 뒤걸어뜨기 6(코늘리기 포함)]×12 (총 144코)

* 뒤걸어뜨기 늘림단.

46:28 **5단** [앞걸어뜨기 7(코늘리기 포함), 뒤걸어뜨기 6]×12 (총 156코)

* 앞걸어뜨기 늘림단.

6단 [앞걸어뜨기 7, 뒤걸어뜨기 7(코늘리기 포함)]×12 (총 168코)

* 뒤걸어뜨기 늘림단.

7단 [앞걸어뜨기 8(코늘리기 포함), 뒤걸어뜨기 7]×12 (총 180코)

* 앞걸어뜨기 늘림단.

∞— 마무리

46:44 실을 끊고 마무리한 뒤 라벨을 달아 완성하세요.

* 라벨 달기는 *p.78* 참고.

그리드 파우치

사용한 실
코나 2볼(메인 실), 코나 1볼(배색 실)

사용한 바늘
모사용 코바늘 7호(필수), 모사용 코바늘 7.5호(선택)

완성 크기
가로 19×세로 26cm

준비물
돗바늘, 가위, 정사각 라벨, 마커, 꽃단추

아이패드 8세대(17.4×25cm) 기준 사이즈로 만든 귀여운 파우치예요.
실 자체에 솜이 들어가 있기 때문에 일반 실보다 충격 흡수에 좋답니다.
깜찍한 꽃단추와 정사각 라벨로 마무리해서 기성품의 느낌을 내봤어요.
사이즈는 가로와 세로의 칸으로 조절합니다. 샘플 기준, 칸당 약 3.5~4cm 정도 크기이며,
코나 메인 1볼로 대략 30칸 정도 나옵니다.
(사용량은 메인 실:배색 실=2:1 비율)

NOTE

○ 리벨은 완성 후기 아니라 진행 중에 틸아줍니다. 일반 바느실용 노구를 더 추천하지만, 사용한 메인 실을 이용하려면 작품 시작 전 약 30~40cm가량을 먼저 잘라 충전재를 빼낸 후 따로 준비해주세요.
○ 짧은뜨기는 모두 변형 짧은뜨기로 진행하고, 긴뜨기의 시작 지점은 안내하는 대로 변형 방식으로 진행해주세요.

∞∞∞ — 시작하기

04:08 배색 실로 기초사슬을 34개 만들어줍니다(7의 배수-1).

* 원작은 시작과 마무리에서만 7.5호 코바늘을 사용했습니다. 7호 코바늘을 사용할 경우에는 평소보다 약간 헐거운 느낌으로 진행해주세요.
* 원작은 7코 사이즈의 네모칸이 반복되는 패턴입니다(그래서 7의 배수-1 입니다). 더 작은 격자를 선호한다면 6코, 5코 등으로 계산해 진행해도 무방하나, 정사각형이 나올 수 있게끔 긴뜨기 단수를 스스로 조절해야 합니다.

∞∞∞ — 바닥

04:47 **1단** 기둥사슬 1, 사슬 위아래에 변형 짧은뜨기˚ 각 35개씩. (총 70코)

* 실을 거는 방향에 주의하세요.
* 위아래 각 첫 번째 코에는 짧은뜨기를 2개 만듭니다.
* 각각의 첫 번째 코에 마커를 걸어 진행하면 시작점을 찾기 쉬워요.

∞∞∞ — 하단

09:01 **2단** 기둥사슬 1, 한 코에 하나씩 이랑뜨기로 변형 짧은뜨기. 메인 실을 이용해 빼뜨기로 마무리.

* 여기서 70코가 맞는지 반드시 체크해주세요. 뜨다가 다시 초반부로 되돌아가는 불상사를 막을 수 있습니다.
* 빼뜨기로 실 색 바꾸기는 *p.76* 참고.

∞∞∞ — 바탕

11:13 변형 긴뜨기 평단을 4단 떠줍니다.

3~6단 한 코에 하나씩 이랑뜨기로 변형 긴뜨기˚. 첫 번째 코를 주의해서 만들어주세요.

* 마지막 코는 첫 코(마커)에서 오른쪽 세 번째 코 코머리에 만들고, 빼뜨기로 마무리해주세요.
* 변형 긴뜨기의 마지막 단(4단 째) 빼뜨기에서는 언제나 배색 실을 끌어와 마무리합니다.

∞∞∞ — 격자무늬

17:35 **7단** [네길긴뜨기˚ 1, 짧은뜨기 6]×10.

* 첫 번째 네길긴뜨기를 한 후에 첫 번째 짧은뜨기˚가 만들어질 위치를 잘 확인하세요.
* 마지막 코 만드는 지점에 유의하세요.

∞── 마지막 코 만드는 지점

24:20 네길긴뜨기와 짧은뜨기 세트로 한 바퀴 빙 두른 후 마지막 코 뜨는 방법입니다.

01 마지막에 짧은뜨기를 5코 뜨고 나면 원래는 사용하지 않는 코 한 자리만 남아 있습니다. 처음 단 시작 부분에서 한 코를 건너뛰었기 때문에 마지막에 한 코가 부족한 상태인데요. 부족한 마지막 코를 이 코로 채워줍니다.

02 마지막 짧은뜨기.

03 메인 실로 바꿔서 빼뜨기를 하고 긴뜨기 단을 진행합니다.

∞── 바탕(반복)

25:13 **8~11단** 변형 긴뜨기.
* 라벨을 달 경우 8단(긴뜨기 1단)까지만 뜨고 달아주세요. 파우치의 앞/뒷면을 구분합니다.

∞── 격자무늬(반복)

31:44 **12단** [네길긴뜨기 1, 짧은뜨기 6]을 반복합니다. 12단부터는 네길긴뜨기를 7단의 네길긴뜨기 기둥에 만듭니다.
* 7단의 주의점을 참고해주세요.

총 6줄의 네모 칸이 나올 때까지 4단의 긴뜨기 구간과 네길긴뜨기 격자무늬 단을 반복합니다.

변형 짧은뜨기

편물이 돌아가는 것을 최소화하기 위해 사용하는 변형 짧은뜨기입니다.

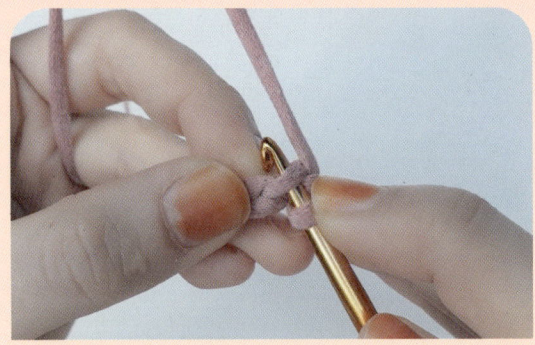

01 코에 바늘을 넣어주세요.

02 보통의 짧은뜨기할 때와 반대로, 바늘로 실을 위에서 아래로 덮치듯 걸어오세요.

03 그 후 바늘에 걸린 2가닥은 보통의 짧은뜨기처럼 실을 걸고 통과해 코를 완성합니다.

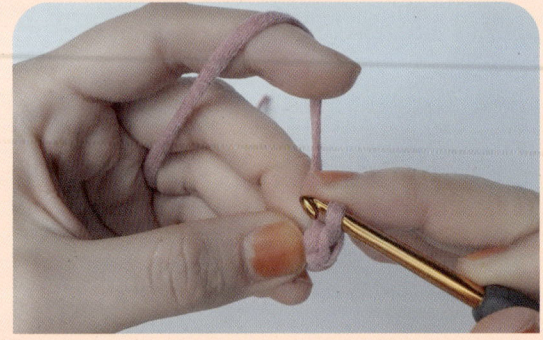

04 짧은뜨기를 한 모습. 모양은 일반 짧은뜨기와 똑같습니다. 변형 긴뜨기도 동일한 방식으로 떠줍니다.

긴뜨기 첫 번째 코 뜨는 방식

일반적으로 사슬 2개로 기둥을 세우는 방식이 아닌 변형 방식입니다.

01 긴뜨기를 할 코의 뒤쪽 반 코에 바늘을 넣어주세요.

02 실을 끌어옵니다.

03 실을 걸어 2가닥을 한꺼번에 통과합니다.

04 맨 앞에 있는 1가닥에 바늘을 넣어주세요.

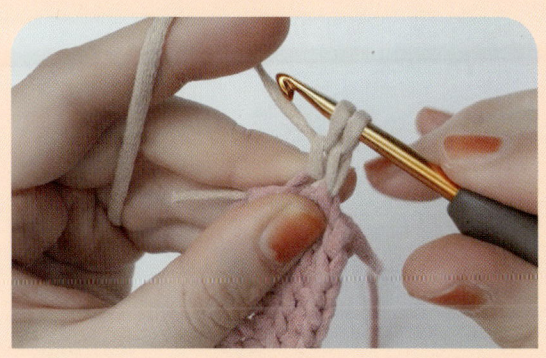

05 실을 끌어옵니다.

06 실을 걸어 2가닥을 한꺼번에 통과해주세요.
마커를 단 코가 긴뜨기 첫 코입니다.

네길긴뜨기 뜨는 지점

01 아래 쪽 배색 단의 가로로 걸쳐지는 실을 찾으세요.

02 바늘에 실을 4번 감고, 아래 쪽 배색 단에 바늘을 넣어줍니다.

03 실을 감고 2가닥씩 통과하면서 네길긴뜨기를 만들고, 첫 코에 마커를 걸어주세요.

04 짧은뜨기를 6개를 뜬 후 다음 네길긴뜨기는 아래 쪽 배색 단의 7번째 코마다 떠주세요.

첫 번째 짧은뜨기 뜨는 지점

01 네길긴뜨기를 뜨고난 후에 진행단을 확인합니다. 보이는 첫 번째 코는 네길긴뜨기가 이미 사용된 자리입니다.

02 두 번째 코가 다음 코가 떠질 자리이지만 건너뜁니다.

03 세 번째 코에 변형 짧은뜨기를 떠줍니다. 두 번째 세트부터는 보통처럼 한 코만 건너뛰고 두 번째 코부터 짧은뜨기 6코를 떠주면 됩니다.

∞∞— 상단

35:05 배색 실을 이용해 변형 짧은뜨기 4단을 떠줍니다.
메인 실을 한 뼘 길이 정도로 잘라 안의 충전재를 제거하고 단추를
달아주세요.

* 여기서부터는 배색 실만 사용되므로 메인 실은 잘라서 정리해주세요.

∞∞— 단추 달기

36:52

01 원하는 단추를 준비합니다. 준비한 단추의 위치를 조정합니다. 격자 단과 상단 배색 단의 경계에 단추를 놓아주세요.

02 충전재를 뺀 메인 실을 단춧구멍에 통과해주세요.

03 코바늘로 실을 빼내 편물에 고정해주세요.

04 편물 뒤에서 매듭을 지어줍니다.

∞∞∞— 마무리

39:08 빼뜨기로 테두리를 둘러주다가 뒷면 중앙에서(정가운데 네모칸의 3코 부근까지 뜨고) 사슬 18개로 단춧고리를 만듭니다.

실을 잘라 돗바늘로 완전히 마무리해주세요.

* 빼뜨기가 너무 타이트하면 입구가 좁아질 수 있으니 주의해주세요.
* 7호 코바늘로 계속해서 뜨는 경우 빼뜨기를 빡빡하지 않게 설렁설렁 떠줍니다. 힘 조절에 자신이 없는 경우 7.5호를 사용해주세요.

아이싱 카드지갑

사용한 실
38mm 양면 새틴 리본 약 12m

사용한 바늘
12mm 왕코바늘

완성 크기
가로 11×세로 9cm

준비물
대나무 왕돗바늘, 마커, 가위, 라이터, 라벨, 반짇고리

고급스러운 광택과 키치한 디자인의 카드지갑입니다.
널따란 새틴 리본을 왕코바늘로 숭덩숭덩 뜨기 때문에 30분이면 완성할 수 있어요.
기법도 쉬워서 주변에 선물하기 정말 좋은 아이템이랍니다.

> **NOTE**
> ○ 일반적인 뜨개실이 아니라 긴 리본을 실 삼아 뜨는 작품이기 때문에 처음에는
> 먼저 사슬 몇 개를 떠보면서 느낌을 익혀주세요.
> ○ 아이싱 리본백의 스트랩을 이 카드지갑에 적용하면 미니 크로스백처럼 연출할 수도 있어요.
> ○ 리본을 자른 후에는 올이 풀리지 않도록 라이터의 파란 불꽃 부분으로 그을립니다.

⦅⦆── 시작하기

00:56 기초사슬 6개를 만들어주세요. 마지막 사슬 아래 반 코에 마커를 달아주세요.
길이는 대략 9~10cm입니다.

⦅⦆── 몸체

04:40 **1단** 기둥사슬을 2코 떠주고 마커 표시한 코 위 반 코부터 한 코에 한길긴뜨기 1개씩 떠줍니다. 첫 번째 코에 시작 마커를 달아주세요.
매듭 바로 앞에 있는 첫 코까지 한길긴뜨기를 떠줬으면 편물을 돌려 사슬 반대쪽 반 코에서부터 한길긴뜨기를 1개씩 떠줍니다. 한쪽 당 6코씩 총 12코가 됩니다. 마지막 코는 마커가 표시된 자리입니다. 마커를 제거하고 마지막 한길긴뜨기를 떠주세요.
첫 번째 코에 빼뜨기로 1단을 마무리합니다.
보이는 면은 현재 안면이므로 뒤집어줄 건데, 그 전에 꼬리실의 끝부분을 라이터로 지져 올이 풀리지 않도록 해주세요.

12:36 **2단** 기둥사슬 2, 한길긴뜨기 12, 빼뜨기로 마무리.
한길긴뜨기는 코너리의 뒤쪽 빈 코에 떠줍니디(이랑뜨기).

∞— 입구

17:02 2단에서 빼뜨기 한 다음 코부터 빼뜨기를 해 빙 둘러줍니다. 바늘에 걸려 있는 코의 크기가 테두리의 크기를 좌우합니다. 너무 꽉 조이면 카드가 잘 안 들어갈 수 있으니 살짝 널널한 느낌으로 빼뜨기를 진행해주세요.

20:51 빼뜨기를 11개까지만 진행하고 리본을 넉넉잡아 30cm 정도 남기고 자른 다음 쭉 빼줍니다(마지막 12번째 빼뜨기는 돗바늘로 마무리하면서 만들게 됩니다). 돗바늘에 리본을 꿰어주세요. 돗바늘로 코 만들기 마무리 *p.73* 기법을 사용해 마무리해줍니다.

23:10 리본을 적당한 길이로 자르고 올이 풀리지 않도록 끝부분을 라이터로 지져주세요. 다시 돗바늘에 꿰어 안쪽으로 감춰줍니다. 바느질로 라벨까지 달아주면 완성입니다.

아이싱 리본백

사용한 실
38mm 양면 새틴 리본 약 90m

사용한 바늘
12mm 왕코바늘

완성 크기
가로 21×세로 15×폭 9, 핸들높이 12cm

준비물
대나무 왕돗바늘, 마커, 가위, 라이터, 자석단추, 내경 25mm 오픈형 O링 2개, 라벨, 반짇고리

손잡이 부분이 컵케이크에 장식된 아이싱처럼 보여 아이싱 리본백이라고 이름을 지어보았어요. 리본 1롤로 가방과 카드지갑, 그리고 크로스 스트랩을 만들 수 있어요. 널따란 새틴 리본을 왕코바늘로 숭덩숭덩 빠르게 뜨기 때문에 주변에 선물하기 정말 좋은 아이템이랍니다.

> **NOTE**
> ○ 리본으로 하는 또개라 적응이 필요할 거에요. 바로 앞의 아이싱 카드지갑으로 감을 먼저 익힌 후 리본백 도전을 추천합니다.
> ○ 리본을 이을 때는 양끝을 묶어주거나 바느질로 연결해주세요.
> ○ 단 시작마다 사슬 2개를 뜹니다. 이건 편물의 빈 공간을 메우기 위한 것으로, 이때 뜨는 사슬은 아주 느슨하게 떠주는 걸 추천해요.

∞∞∞—— 시작하기

03:52 꼬리실을 약 30cm 이상 남겨놓고 시작합니다(중요).
사슬뜨기로 기초사슬 8개를 만들어주세요. 매듭 부분을 제외하면 13cm입니다. 첫 사슬과 마지막 사슬 반 코에 마커를 달아 표시해둡니다.

∞∞∞—— 가방 바닥

05:29 기둥사슬 2, 3번째 사슬 한 코에 한길긴뜨기 3,
한 코에 하나씩 한길긴뜨기 6, 마지막 한 코에 한길긴뜨기 4,
방향을 돌려 한 코에 한길긴뜨기 3, 한 코에 하나씩 한길긴뜨기 6,
마지막 한 코에 한길긴뜨기 4. (총 26코)
바닥 완성 후 크기는 가로 약 19cm, 세로 약 9cm입니다.

12:31 남겨뒀던 꼬리실을 돗바늘에 꿰어 바닥의 빈 공간을 채워주세요*.

∞∞∞—— 가방 몸통

15:06 다음 단을 뜨면서 바닥에 각을 만듭니다.
1단 기둥사슬 2, 한길긴 뒤걸어뜨기 26. (총 26코)
* 뒤걸어뜨기는 *p.71* 참고.

19:08 **2~4단** 기둥사슬 2, 코머리 뒷가닥에만 바늘을 걸어(이랑뜨기)
한길긴뜨기 26. (총 26코)

∞∞∞—— 손잡이 1

22:04 손잡이*는 양옆의 3코씩을 사용해 사슬끈이 각각 2줄씩 연결되게 만듭니다. (총 6줄) 가방의 모양을 잘 다듬어 양쪽 끝 코와 그 코의 양폭 코를 마커로 표시해줍니다. 한 코에서 사슬을 17개 만들어 반대쪽 3개 코 중 하나에 빼뜨기해주세요. 다시 사슬 17개를 만들어 반대쪽 3개 코 중 하나에 빼뜨기해주세요. 어느 코에 빼뜨기를 해도 상관이 없지만 각 코마다 2줄이 이어질 수 있도록(총 6줄) 연결해주세요.
이때, 빼뜨기는 항상 가방 겉면을 바라보며 해줍니다.

바닥 채우기

01 바닥을 뜨고 나면 처음 시작 부분에 구멍이 생깁니다. 남겨두었던 꼬리실로 구멍을 감춰주세요.

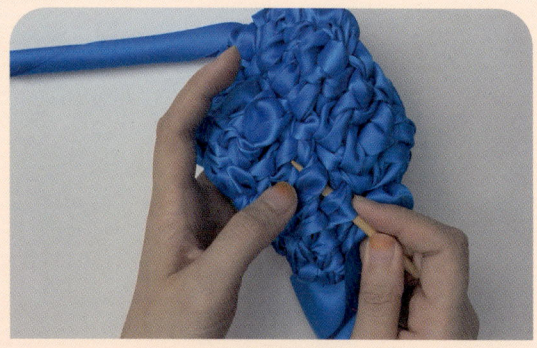

02 꼬리실에 돗바늘을 꿰어 구멍이 있는 반대쪽까지 실을 숨기며 이동해주세요.

03 구멍이 있는 코에 바늘을 꿰어가며 구멍을 감춰주세요.

04 반대쪽에도 실을 꿰어줍니다.

05 이렇게 하면 아까 있었던 큰 구멍이 메꿔집니다.

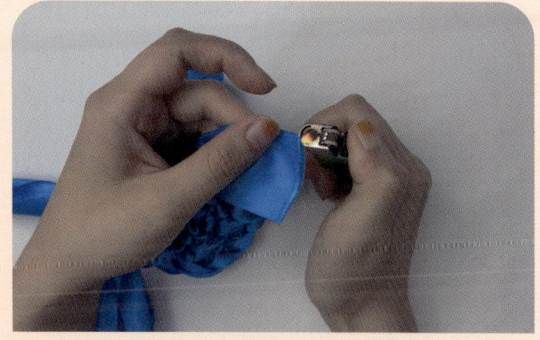

06 계속 올이 풀리는 실 끝은 라이터로 지진 후 코 사이사이로 실을 감춰주세요.

손잡이 만들기

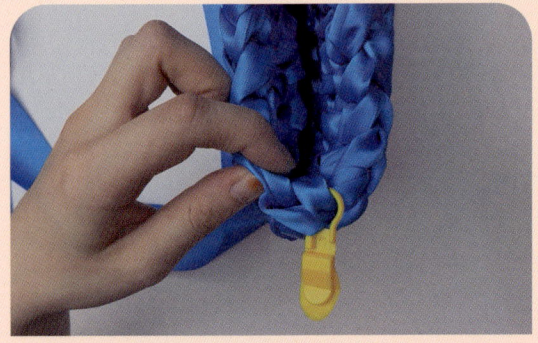

01 가방 끝 중앙을 표시합니다.

02 중앙과 양쪽 끝에 마커를 달아 끝 3코를 표시했습니다.

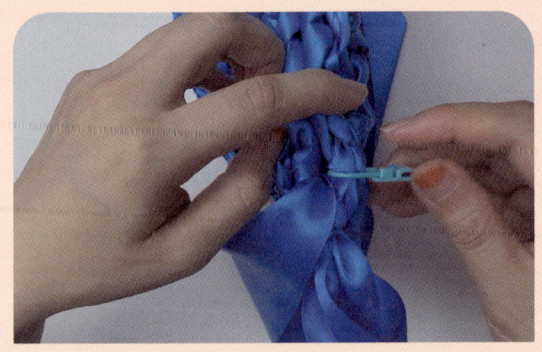

03 표시한 곳부터 코를 잘 세어 정반대편 중앙도 표시합니다.

04 사슬 17코를 떠 반대쪽에 빼뜨기로 이어줍니다.

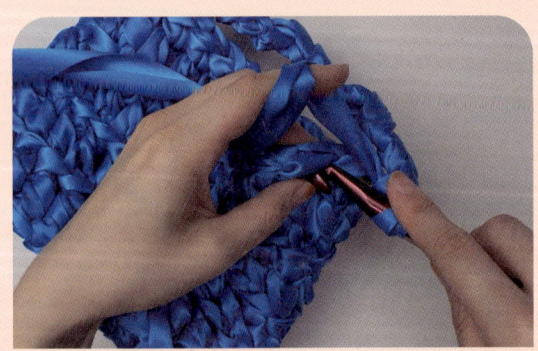

05 빼뜨기를 할 때는 가방 겉면을 보고 합니다.

06 총 6줄의 사슬 줄을 만들어주세요.

∞── 가방 입구 마무리

28:49 기둥사슬 1개를 뜨고 빼뜨기로 입구를 둘러주세요. (총 26코)
* 너무 타이트하게 뜨면 입구가 좁아지므로 힘을 조절해 느슨하게 떠주세요.

∞── 손잡이 2

31:12 다음 단계를 위해 리본을 손잡이 뒤쪽으로 빼주세요.
기둥사슬 1개를 뜨고 사슬끈 6가닥을 한꺼번에 모아• 짧은뜨기로 감싸줍니다.
샘플의 짧은뜨기 개수는 약 24~25개지만 사슬 다발이 안 보일 때까지만 떠주면 되니 실제로는 몇 개가 나오든 상관없습니다.
리본을 넓게 잘 매만지며 떠야 핸들 표면이 깔끔해지니 모양을 만들며 천천히 떠주세요.

35:44 마무리 사슬을 1개 뜨고 꼬리실을 여유 있게 잘라 돗바늘로 마무리합니다.

∞— 크로스 스트랩

37:20

꼬리실을 20cm 정도 남겨 놓고 원하는 만큼 사슬을 떠줍니다.
개인의 체형이나 취향에 따라 끈 길이를 조절하세요. 원작에서는
90~100cm(사슬 50개)를 떠주었습니다. 완성된 스트랩 기준으로 사슬
5~6코당 약 10cm라고 생각하면 됩니다.
원하는 길이만큼 사슬을 떴다면 기둥사슬 1개를 떠주고 코산에
짧은뜨기를 만들며 되돌아갑니다. 꼬리실을 여유롭게 자른 후 매듭으로
마무리합니다. O링을 이용해 가방 본체와 크로스 스트랩을 연결합니다.

취향에 맞춰 라벨과 자석 단추를 달아주면 완성입니다.

손잡이 모으기

01 빼뜨기를 마치고 나면 리본이 사슬 중간쯤 위치해 있습니다.

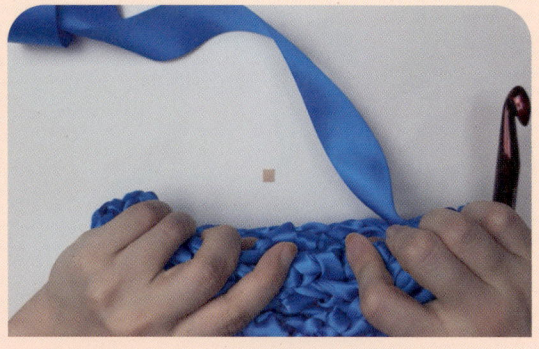

02 사슬 다발 뒤로 리본을 빼냅니다.

03 기둥사슬을 하나 뜨고 리본을 사슬 다발 아래로 통과시켜 앞으로 가져옵니다.

04 리본을 위로 당겨 리본 사이에 바늘이 위치하게 합니다.

05 뒤에서 팽팽하게 당기면 바늘에 리본이 걸린 형태가 됩니다.

06 이 상태에서 리본을 바늘에 걸어 빼내면 짧은뜨기가 됩니다. 이 방법으로 손잡이 전체를 감싸주세요.

클럼지
플라워 백참

사용한 실
센스 1볼

사용한 바늘
모사용 코바늘 5호

완성 크기
꽃 지름 약 7cm

준비물
모티브링 1개, 돗바늘, 마커

아이싱 리본백에 함께 매치한 백참입니다.
꽃잎은 자유분방한 모양이지만 단단한 모티브링을
중앙에 넣어 변형이 적은 것이 특징이에요.
한 번 만들어놓으면 여러 가방에 달아 꾸밀 수 있어 활용도가 높은 아이템입니다.

NOTE
◦ 앏은 실 1가닥을 3가닥으로 겹쳐 만듭니다.
◦ 영상 내 설명은 서스펜스 실 기준이며, 이 책에서는 센스 실을 기준으로 설명하기 때문에
콧수가 다르다는 점 주의해주세요.

00:42　∞— 시작하기

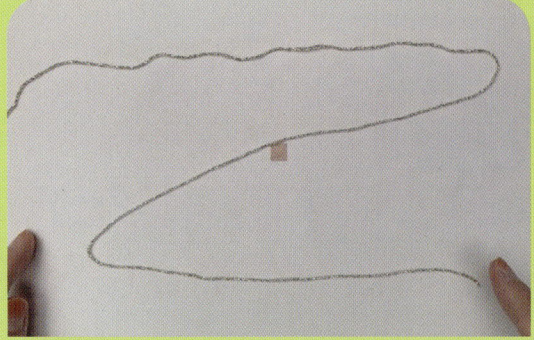

01 실을 'ㄹ'자로 늘어뜨립니다.

02 왼쪽 끝의 3가닥을 한꺼번에 잡습니다.

03 만들어진 큰 구멍에 왼쪽 손가락을 넣어 실을 가져옵니다.

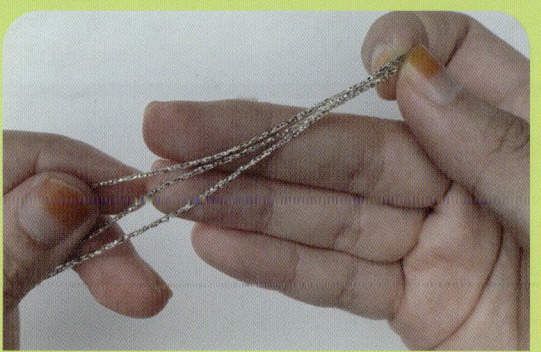

04 3가닥이 되었습니다. 뜨는 내내 구멍 안으로 실 가져오는 것을 반복합니다.

∞— 중앙

01:33　모티브링 안에 기둥사슬 1개, 짧은뜨기 20개를 만듭니다. 꼬리실은 감춰주면서 떠주세요. 첫 번째 코에 빼뜨기로 마무리합니다.

∞— 꽃잎

02:48　**1단** [사슬 12, 사용한 코 다음부터 5번째 코에 빼뜨기]×5

04:12　**2단** [기둥사슬 1, 사슬 공간 안에 짧은뜨기 15]×5
　　　첫 번째 코에 빼뜨기로 마무리합니다.

∞— 고리

05:19　원하는 길이만큼 사슬을 뜹니다. 샘플은 사슬 40개를 떴습니다.
　　　사슬이 시작된 코에 빼뜨기 후 마무리 사슬 1개를 뜹니다. 실을 잘라
　　　돗바늘로 마무리합니다.

더블 코튼
버킷햇

사용한 실
여름 코튼필드 4볼(단색: 메인 색 3+포인트 색 1/ 믹스: A색 2+B색 2)
겨울 피카소울 10ply 6볼(단색: 메인 색 5+포인트 색 1/ 믹스: A색 3+B색 3)

사용한 바늘
모사용 코바늘 8호

완성 크기
여성 평균 머리둘레 53~54cm 기준

준비물
돗바늘, 마커, 가위

얇은 실 2가닥을 한꺼번에 잡고 굵은 코바늘로 빠르게 뜨는 버킷햇이에요.
무난하게 여기저기 매치할 수 있어서 가벼운 외출 시
손이 자주 가는 아이템이랍니다.

NOTE
○ 모든 과정은 무시슬 기법으로 진행합니다. *p.74~75*.
○ 무사슬 기법을 활용할 때는 언제나 첫 번째 코가 아닌 두 번째 코에 시작 마커를 걸어줍니다. 둘레 조절이 필요하다면 1단을 한길긴뜨기 13개 → 12개로 시작 후 모자 윗부분을 원하는 단까지 떠주세요.
(만약 원작처럼 13개로 시작한다면 무조건 4단, 6단처럼 짝수단에서 끝내야 합니다.)
○ 모자 윗부분에서는, 단을 마칠 때마다 지름 사이즈를 확인해주세요.

∞— 모자 윗부분

01:46

1단 매직링으로 한길긴뜨기를 총 13개 만들어주세요.
* 매직링으로 원형뜨기 시작하기는 *p.72* 참고.
* 여기까지 뜨면 지름은 약 3.5cm가 됩니다.

05:01

2단 [한 코에 한길긴뜨기 2](=V, 코늘리기) (총 26코)
* 본문에서는 '코늘리기'를 'V'로 표현합니다. 한 코에 2개의 코를 만들어주세요.
* 무사슬 기법으로 단 넘어가기 *p.74* 참고.
* 지름: 약 6.3~6.5cm.

06:59

3단 [한길긴뜨기 1, V]×13 (총 39코)
* 지름: 약 9.0~9.2cm.

08:37

4단 [한길긴뜨기 2, V]×13 (총 52코)
* 지름: 약 11.7~12.0cm.

10:49

5단 [한길긴뜨기 3, V]×13 (총 65코)
* 지름: 약 14.3~14.7cm.

11:31

6단 [한길긴뜨기 4, V]×13 (총 78코)
* 영상에서는 6단 완성 후, 지름이 18cm로 나옵니다. 똑같이 뜨는 어려우니, 17~18cm 언저리로 마무리해주세요.

∞— 무늬

13:08

7단 한 코에 하나씩 한길긴뜨기.
* 무늬를 넣기 전 준비 단으로 편물이 살짝 오목해집니다.

13:56

8단 [한길긴뜨기 1, 앞걸어 한길긴뜨기 1]×39
* 도중에 코를 건너뛰거나 같은 코에 2코를 만들지 않도록 주의하세요.

19:09

9~14단 [튀어나온 코에는 일반 한길긴뜨기 1, 들어간 코에는 앞걸어 한길긴뜨기 1]×39
* 튀어나온 무늬가 총 7줄 생겨야 샘플과 동일한 14단입니다.
* 몸통 길이는 약 9cm입니다.

∞∞— 챙

22:00 **15단** 한 코에 하나씩 한길긴뜨기.

22:49 **16단** [한길긴뜨기 5, V]×13 (총 91코)

17~18단 한 코에 하나씩 한길긴뜨기.

* 챙을 더 퍼지게(넓게) 만들고 싶다면 17단 혹은 18단을 [한길긴뜨기 6, V]×13 (총 104코)로 만들어주세요.

실을 잘라 돗바늘로 마무리해주세요.

∞∞— 포인트

26:49 **19단** 포인트 컬러 실을 2가닥 잡고, 뒤돌아 짧은뜨기로 전체를 빙 둘러주세요. (총 91코)

* 뒤돌아 짧은 뜨기는 짧은뜨기를 원래 진행 방향(왼쪽)이 아닌 반대 방향(오른쪽)으로 뜨는 기법입니다.
* 포인트 컬러를 한 가지 색으로 할 경우, 실 한 볼에서 중앙 1가닥+바깥 1가닥씩 잡고 뜨면 됩니다.

∞∞— 마무리

28:43 실을 잘라 돗바늘로 마무리합니다.

보엠 미니백

사용한 실
왁스드 얀 1볼 또는 썸머라피아 1볼

사용한 바늘
모사용 코바늘 7호

완성 크기
왁스드 얀 가로 13.5×세로 16.5cm
썸머라피아 가로 14×세로 18cm

준비물
원통형 스틱(둘레 약 5~6cm), 가위, 25mm 메탈 볼 2개,
돗바늘, 마커(대 사이즈를 추천), 메탈 라벨

스마트폰, 립스틱, 카드지갑 정도가 들어가는 미니백입니다.
왁스드 얀은 가죽 느낌의 실이고, 썸머라피아는 바스락거리는 느낌의 가벼운 실이에요.
실의 특성이 달라 썸머라피아로 만들었을 때의 사이즈가 조금 더 큽니다.
또 썸머라피아 1볼의 양이 훨씬 많기 때문에 사이즈 조절에 있어 매우 자유로운 편입니다.

NOTE
◦ 영상에서는 실수로 '지름'이라고 말하는데 '둘레'가 맞습니다.
◦ 좀 더 길게 만들고 싶다면 왁스드 얀 기준으로 1단 정도 더 올려서 떠줘도 됩니다.
그 이상은 개인에 따라 실이 부족할 수도 있어요.
◦ 끈 길이를 원하는 대로 조질해서 사용할 수 있습니다.
◦ 원통형 스틱은 흔히 구할 수 있는 립스틱이나 립글로스, 립밤 등을 준비하면 됩니다.
이 스틱의 둘레가 시스루 단의 길이가 됩니다(원작은 둘레 5.5cm).
◦ 코바늘 뜨개 특성상 편물이 휘는 경우가 생길 수 있는데,
이때는 스팀다리미로 형태를 잘 잡아주면 해결됩니다.

∞∞— 시작하기

04:41 기초사슬 24개를 떠주고 마지막으로 뜬 사슬 아래쪽 반 코에 마커를 달아주세요.
원작에서 사용한 원통형 스틱은 6가닥 정도를 한 번에 만들 수 있는 양이라 6의 배수로 뜬 것일 뿐, 기초사슬의 공식은 따로 없습니다. 원하는 가로 사이즈만큼 자유롭게 조절해주세요.

05:25 **1단** 사슬 3개를 뜨고(첫 번째 한길긴뜨기) 시작 마커를 달아주세요. 처음 마커를 달아준 코 다음 코부터 시작해 한길긴뜨기 23개, 편물을 돌려서 맞은편에 한길긴뜨기 24개를 떠주세요. 마지막 한길긴뜨기는 처음 마커를 달아준 코에 떠주고 시작 마커를 달아준 코에 빼뜨기를 해줍니다. (총 48코)

11:47 **2단** 사슬 3(첫 번째 한길긴뜨기), 한길긴뜨기 47개. (총 48코)

∞∞— 몸통

14:27 몸통은 시스루 단(3단)*과 고정 단(4단)을 반복해 만듭니다.
둘레 5~6cm 가량의 원동 스틱과 미기 8개 이상을 준비합니다.

15:05 **3단** 사슬 1, 죽 당겨서 늘어난 곳에 원통 스틱을 넣고 당겨줍니다. 사슬 부분이 '뿌리', 스틱에 감은 부분이 '줄기'가 됩니다. 뿌리와 줄기를 만들면서 줄기 6개 단위로 마커를 끼워가며 진행합니다.
마지막 8번째 세트만 줄기 5개에 마커를 끼우고 나머지 1가닥은 뿌리 부분을 왼손으로 잘 잡습니다*. 3단이 마무리됨과 동시에 4단이 시작됩니다.

3단 시스루단 뜨기

01 사슬을 하나 떠줍니다(뿌리).

02 코를 길게 늘려줍니다(줄기).

03 늘린 코에 스틱을 걸어주세요.

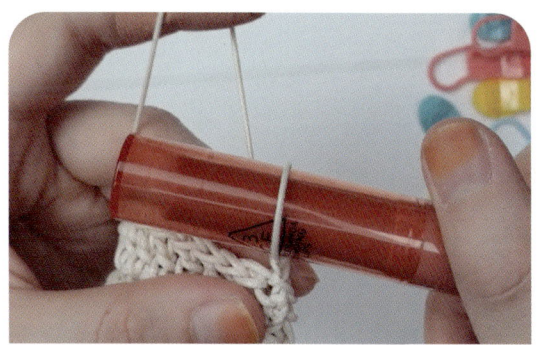

04 왼쪽 손가락의 실을 잘 당겨서 스틱에 줄기가 착 감길 수 있게 합니다.

05 다음 코에 실을 빼뜨기하고 사슬을 하나 뜹니다.

06 코를 늘려서 스틱에 끼워줍니다. 단단히 당겨서 다음 코에 빼뜨기하고 다시 사슬을 뜨고 늘려 스틱에 끼워줍니다. 총 6줄이 될 때까지 반복합니다.

 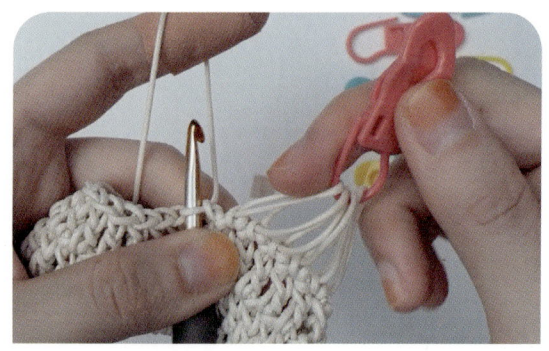

07 마지막 줄기가 늘어지지 않도록 다음 코에 빼뜨기와 사슬뜨기를 한 후 스틱을 빼줍니다.

08 스틱이 빠진 자리에 마커를 달아줍니다. 이렇게 반복해 총 8세트를 뜹니다.

3단 끝과 4단 시작

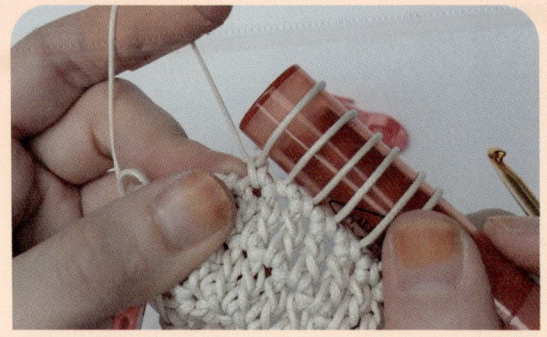

01 마지막 줄기 6개를 떠줬습니다. 마지막 줄기의 뿌리 부분을 꽉 잡고 스틱을 빼줍니다.

02 마지막 줄기를 제외한 5가닥에 마커를 걸어줍니다.

03 마지막 줄기에 바늘을 넣어줍니다.

04 실을 끌어왔습니다.

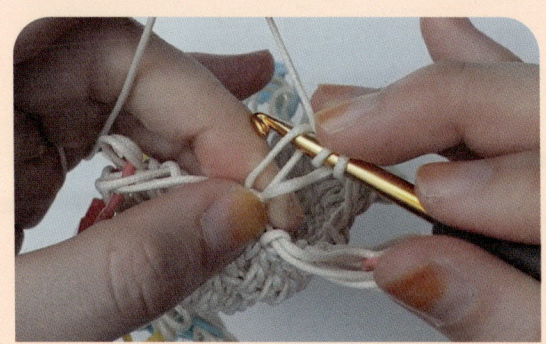

05 맨 앞쪽 가닥에 한길긴뜨기를 떠줍니다.

06 첫 코를 표시하는 마커를 달아주고 줄기 6가닥을 모아주고 있던 마커를 빼줍니다. 각 줄기마다 한길긴뜨기를 떠주는데 줄기가 풀리지 않도록 뿌리 부분을 꽉 잡고 진행해주세요.

23:39　**4단**　각 줄기마다 한길긴뜨기 1개씩.

29:10　**5단**　3단 반복, 두 번째 코 위치에 주의하세요.
　　　　빼뜨기 후 사슬뜨기(부리), 길게 늘려서 스틱에 걸기(줄기)까지 마친 후
　　　　다음 코가 들어가는 위치에 주의하세요. 빼뜨기 진행한 코에 다시 바늘을
　　　　꽂지 않도록 사진을 보고 주의해서 진행해주세요.

30:17

* 두 번째 코 위치.

33:48　**6단**　고정 단(4단) 반복.

35:45　**7단**　시스루 단(5단) 반복.

　　　　4~5단을 반복해서 총 5세트를 만듭니다.

∞── 가방끈 위치 정하기

40:02　빼뜨기를 하면서 양쪽 끝에 가방끈 끼우는 부분을 만들어주는데,
　　　　뒷면에서 양쪽에 5개씩, 앞면에서 양쪽에 5개씩 줄기를 만들어줍니다.
　　　　빼뜨기*를 너무 타이트하게 떴을 경우 입구가 좁아질 수 있으니 살짝
　　　　넉넉하게 해주세요.

∞── 가방끈

51:03　끈은 이중사슬뜨기*로 진행합니다. 실을 길게 풀어 대략 5m 지점에서
　　　　시작합니다. 평소에 메는 크로스백 끈 길이를 참고하여 대략 10~15cm
　　　　정도 길게 만듭니다(원작의 경우 키 156cm 기준으로 110~115cm
　　　　정도로 만들었습니다). 끈 길이를 잴 때는 힘주어 당기지 말고 꼬인
　　　　부분만 곧게 펴준다는 느낌으로 측정해주세요.

가방 입구 빼뜨기

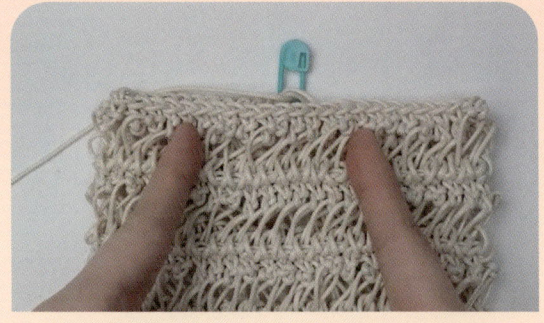

01 가방의 형태를 가지런히 잡고 앞 뒤 콧수가 같게 접어줍니다. 가운데 14코는 빼뜨기, 양쪽 5코씩은 줄기 만들기를 진행합니다.

02 마커는 빼뜨기를 할 중앙의 14코 처음과 마지막에 달아줍니다.

03 시작 지점에서부터 마커까지 빼뜨기를 합니다.

04 이어서 5코에 줄기를 만들어주고 마커를 달아줍니다. 뒤집어서 반대쪽도 5코에 줄기를 만들어주세요.

05 14코 빼뜨기.

06 줄기 만들기 10코를 하고 시작 지점까지 빼뜨기한 다음 실을 30cm 정도 길게 자릅니다. 돗바늘로 마무리 코를 만든 후 가방 아래쪽 안면에 숨겨주세요.

이중사슬뜨기

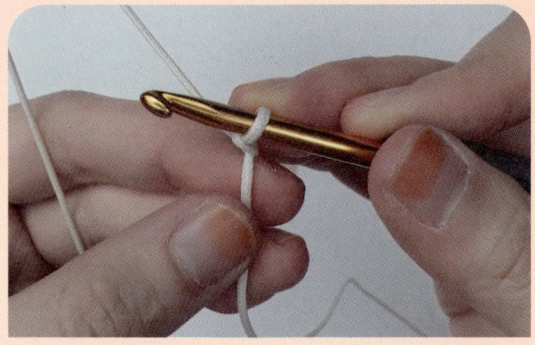

01 꼬리실을 5m 남긴 지점에서 매듭을 만들어줍니다.

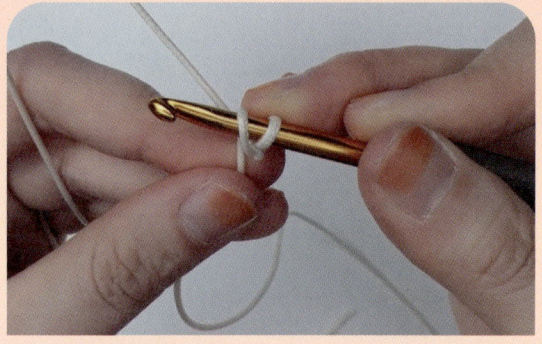

02 꼬리실을 바늘의 앞에서 뒤로 걸어줍니다.

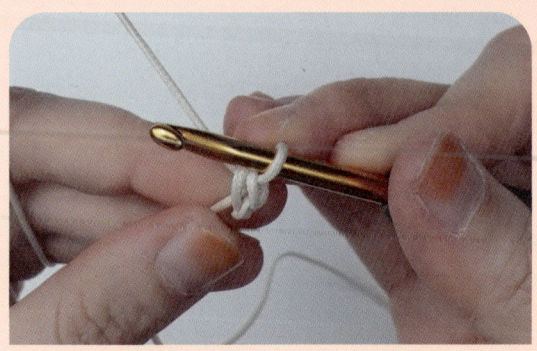

03 진행하는 실을 바늘에 걸어 2가닥 모두 통과시킵니다.

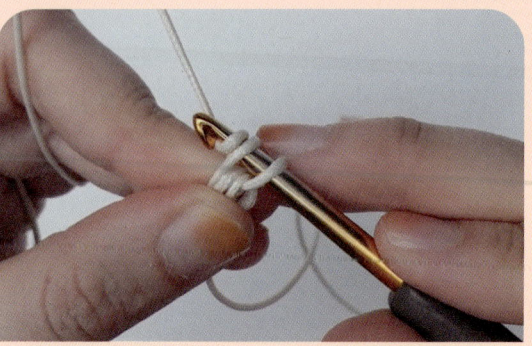

04 다시 꼬리실을 바늘에 걸고 진행하는 실로 2가닥 모두 통과시킵니다. 원하는 길이만큼 반복합니다.

05 원하는 만큼 뜨고 실을 자른 다음 2가닥 모두 코에 통과시킵니다.

06 돗바늘로 실을 숨겨줍니다. 정리 후 튀어나온 꼬리실은 아직 자르지 마세요.

55:26 ∞— **가방끈 연결**

01 만들어준 줄기 부분에 끈을 끼우고 마커는 제거합니다.

02 가방끈의 긴 쪽에 먼저 메탈 볼을 끼우고 짧은 쪽을 마저 통과시킵니다.

03 끈이 빠지지 않게 끝에서 매듭을 지어줍니다.

04 반대쪽도 마찬가지로 진행하고 끈을 만들면서 정리해둔 꼬리실을 매듭까지 풀어줍니다.

05 매듭 가까이서 꼬리실을 잘라주세요.

06 메탈 볼을 줄기 다발 쪽으로 당겨 끈 길이를 고정해주세요.

∞— **메탈 라벨 달기**

58:24 편물의 앞/뒷면을 잘 구분합니다(빼뜨기 라인 있는 쪽이 뒤).
실을 적당히 잘라 양쪽 구멍에 끼운 후 라벨 위치를 잡습니다. 가방 안쪽에서 편물 코에 매듭지어 묶은 후 남은 꼬리실은 돗바늘로 정리해주세요.

체커보드
버킷햇

사용한 실
벨벳 2볼(A색 1+B색 1), 사계절 버전은 단디 2볼(A색 1+B색 1)

사용한 바늘
벨벳 모사용 코바늘 8호
단디 모사용 코바늘 9호

완성 크기
여성 평균 머리둘레 53~54cm 기준

준비물
돗바늘, 마커, 가위, 자

두꺼운 실로 빠르게 만들 수 있는 체커보드 버킷햇입니다.
단디는 벨벳보다 단단한 편이에요. 그래서 원작과 똑같이 만들어도
사이즈가 더 작게 느껴지고, 웨이브진 챙의 느낌도 예쁘게 나오지 않는답니다.
그래서 단디는 챙 디자인을 일자로 바꾸고, 9호 코바늘로 여유롭게 제작했어요.
다만, 단디의 경우 규격대로 진행하지 않으면 실이 모자랄 수 있으니 참고해주세요.
버킷햇의 사이즈는 패턴을 손보는 것보다 코바늘 호수로 조정하는 것이 더 간편합니다.

> **NOTE**
> ○ 무사슬로 진행되는 작품입니다. *p.74~75*를 참고해 떠주세요.
> ○ 보자 윗부분에서는 각 단마다 나오는 지름을 표시해두었으니 확인하면서 떠야 샘플과 같은 사이즈를 만들 수 있어요. 사이즈 변경시 콧수를 변경하지 마시고 바늘 호수를 변경해주세요.
> ○ 매단 두 번째 코에는 시작 마커를 달고 돗바늘 마무리나
> 무사슬 단 넘어가기 기법*p.74*을 사용해 단을 바꿔주세요.

∞── 시작하기

02:44

1단 매직링, 한길긴뜨기 12*. (총 12코)

가장 처음 시작하는 색을 A, 다른 색을 B라고 칭합니다.

12개의 한길긴뜨기가 완성되었다면 매직링을 조이고 A실만 잘라
시작 마커 달아둔 곳에 돗바늘로 코를 만들며 마무리해주세요 *p.73*.

* 1단 완료 후의 지름은 3.5~3.9cm 정도입니다.

08:43

2단 [한 코에 한길긴뜨기 2개(=V, 코늘리기)]×12 (총 24코)

첫 코는 B색을 이용해 짧은뜨기를 뜨고, A색으로 사슬을 떠주세요.
(첫 번째 한길긴뜨기 역할)

그다음 A색 코에 두 번째 한길긴뜨기를 뜹니다(마커 달기).

색을 바꿀 때는 위의 방법을 참고해주세요.

* 마지막 코는 B색입니다. 마커를 달아준 자리에 무사슬 기법 단 넘어가기 방식*p.74*으로
  단을 바꿔주세요(실은 자르지 않습니다).
* 무사슬 기법 단 넘어가기 방식으로 만든 불완전한 코를 너무 당겨서 작아지지 않도록
  주의하세요.
* 완성 후 지름: (벨벳) 약 6.5~6.8cm / (단디) 약 7cm.
* 3단부터 한 코에 한길긴뜨기가 2개 들어가는 코 늘리기는 V로 표기합니다.

12:22

3단 [한길긴뜨기 1, V]×12 (총 36코)

3단은 B색으로 시작합니다. A색 위에 B색, B색 위에 A색이 오도록
배색해주세요. 두 번째 코에 시작 마커를 달고, 무사슬 기법 단 넘어가기
방식으로 단을 바꿔주세요(실은 자르지 않습니다).

* 완성 후 지름: (벨벳) 약 9.4~9.7cm / (단디) 약 10cm.

15:32

4단 [한길긴뜨기 1, V, 한길긴뜨기 1]×12 (총 48코)

4단은 B색으로 [1, V, 1] 세트 중 V(코늘리기)부터 시작합니다. 나머지 1은
한 바퀴 돌아 마지막에 채워주게 됩니다.

B색 실만을 잘라 돗바늘로 마무리해줍니다.

* 완성 후 지름: (벨벳) 약 12.3~12.5cm / (단디) 약 13cm.

5단 [한길긴뜨기 1, V, 한길긴뜨기 2]×12 (총 60코)

5단은 A색으로 [1, V, 2] 세트 중 2부터 시작합니다. 나머지 [1, V]는 한
바퀴 돌아 마지막에 채워주게 됩니다(마무리에서 실은 자르지 않습니다).
A색 위에는 B색, B색 위에는 A색이 오도록 진행해주세요.

* 완성 후 지름: (벨벳) 약 15.2~15.5cm / (단디) 약16cm.

정수리 – 단 중간에 색 바꾸기

01 A색으로 매직링에 짧은뜨기를 만들어줍니다 (*p.72* 참고).

02 B색으로 사슬을 만들어줍니다(첫 번째 한길긴뜨기 1개 역할).

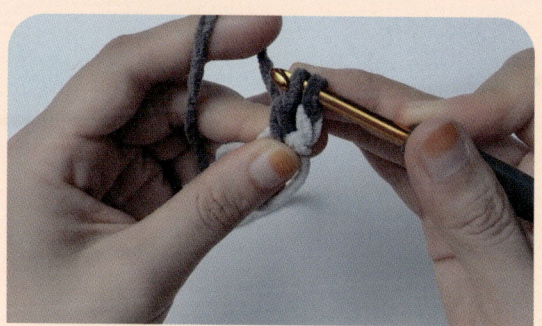

03 B색으로 한길긴뜨기를 떠주는데 바늘에 2가닥이 남았을 때 A색으로 바꿔줍니다. 이때 꼬리실 2개와 A실을 숨기면서 떠줍니다.

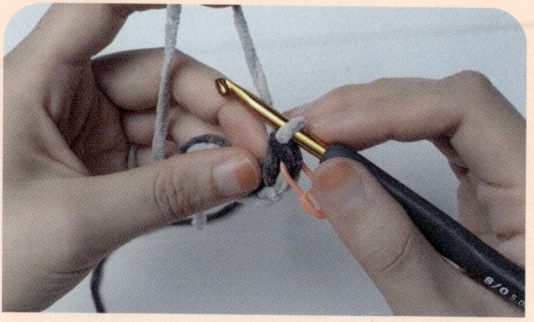

04 A색으로 2가닥을 한꺼번에 통과하고 두 번째 코에 마커를 달아줍니다(무사슬 기법은 언제나 두 번째 코에 마커를 달아줍니다).

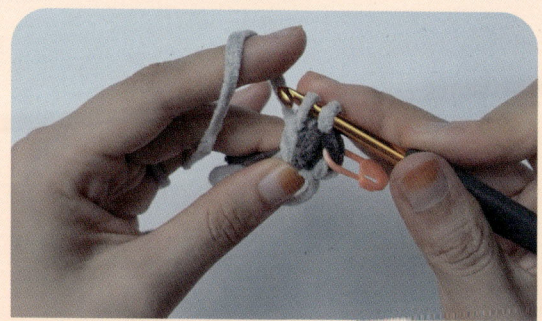

05 A색으로 한길긴뜨기를 떠주는데 바늘에 2가닥이 남았을 때 B색으로 바꿔줍니다. 이때 꼬리실 2개와 B실을 숨기면서 떠줍니다.

06 B색으로 2가닥을 한꺼번에 통과해줍니다. 이것을 반복해 한길긴뜨기를 총 12개 떠줍니다.

23:12 **6단** [한길긴뜨기 2, V, 한길긴뜨기 2]×12 (총 72코)

6단은 A색으로 [2, V, 2] 중 가장 끝의 한길긴뜨기 1개로 시작하고 바로 B색으로 넘어갑니다. 나머지 [2, V, 1]은 한 바퀴 돌아 마지막에 채워주게 됩니다(마무리에서 실은 자르지 않습니다).

* 6단 완료 후 지름은 벨벳: 18.2~18.5 / 단디: 19cm 정도입니다. 지름이 너무 작게 나왔다면 마지막 단만 풀어서 널널하게 다시 뜨고, 반대로 너무 크게 나왔다면 마지막 단만 쫀쫀하게 다시 떠주세요.

∞∞— 모자 옆부분

26:14 7~11단까지 총 5단을 평단으로 떠줍니다(한 컬러당 6코씩). 처음 한두 단 정도는 신경 써서 코가 늘어지지 않도록 모아주는 느낌으로 떠주세요.

26:14 **7단** 무사슬 기법으로 시작해 한 코에 하나씩 한길긴뜨기를 떠줍니다. 이번 단은 A색으로 시작하는데 첫 코는 B색 첫 코에 떠줍니다. A색 위에 B색이, B색 위에 A색이 오도록 떠주세요(마무리에서 실은 자르지 않습니다).

* 매단 두 번째 코에는 시작 마커를 달아주세요.

28:33 **8단** [한 코에 한길긴뜨기 1]×72

A색으로 시작하며 첫 코는 전 단 A색의 두 번째 코에 떠줍니다.

29:28 **9단** [한 코에 한길긴뜨기 1]×72

A색으로 시작하며 첫 코는 전 단 A색의 세 번째 코에 떠줍니다.

A색 실만 자르고 돗바늘로 코 만들기 마무리를 합니다.

31:30 **10단** [한 코에 한길긴뜨기 1]×72

B색으로 시작하며 첫 코는 A색의 네 번째 코에 떠줍니다.

A색 위에 B색이, B색 위에 A색이 오도록 떠주세요.

33:28 **11단** [한 코에 한길긴뜨기 1]×72

B색으로 시작하며 첫 코는 B색의 다섯 번째 코입니다.

∞── 챙

12~15단은 코를 늘려가며 챙을 만들어줍니다.

34:46 **12단** [한길긴뜨기 3, V, 한길긴뜨기 2]×12 (총 84코)
12단은 B색으로 [3, V, 2] 중 가장 끝의 한길긴뜨기 1개로 시작하고 바로 A색으로 넘어갑니다. 나머지 [3, V, 1]은 한 바퀴 돌아 마지막에 채워주게 됩니다(마무리에서 실은 자르지 않습니다).

* 13단부터 사계절 버전(단디 실)은 챙이 변형됩니다. 도안을 주의 깊게 살펴주세요.

36:40 **13단**

벨벳 [한길긴뜨기 3, V, 한길긴뜨기 3]×12 (총 96코)
이 단에서는 A색 위에 B색, B색 위에 A색이 위치합니다. 첫 코는 A색의 첫 번째 코입니다. 마지막 코에서는 실 색을 바꿔서 마무리합니다.

단디 [한 코에 한길긴뜨기 1]×84 (총 84코)

38:18 **14단**

벨벳 [한길긴뜨기 3, V, V, 한길긴뜨기 3]×12 (총 120코)
14단은 B색으로 [3, V, V, 3] 중 첫 번째 한길긴뜨기를 건너뛰고 시작합니다([2, V, V, 3]으로 시작). 처음에 건너뛴 한길긴뜨기 1은 한 바퀴 돌아 마지막에 채워주게 됩니다(마무리에서 실은 자르지 않습니다).

단디 [한길긴뜨기 3, V, 한길긴뜨기 3]×12 (총 96코)

40:34 **15단**

벨벳 [한길긴뜨기 4, V, V, 한길긴뜨기 4]×12 (총 144코)
15단은 B색으로[4, V, V, 4] 중 세 번째 한길긴뜨기부터 시작합니다 ([2, V, V, 4]으로 시작). 처음에 건너뛴 한길긴뜨기 2코는 한 바퀴 돌아 마지막에 채워주게 됩니다.

단디 [한 코에 한길긴뜨기 1]×96 (총 96코)

∞— **마무리**

42:04 실을 잘라 돗바늘로 코 만들기 마무리*p.73*를 해줍니다. 안쪽에서 매듭을 지은 후 꼬리실을 정리해줍니다.

믹스 네트백

사용한 실
올리오 4볼 또는 코튼필드 4볼(바탕 2+배색 2)

사용한 바늘
모사용 코바늘 5호

완성 크기
가로 35×세로 38cm, 끈 길이 50cm

준비물
돗바늘, 마커, 가위

두 가지의 색을 섞어 만드는 팝한 느낌의 네트백입니다.
원작대로 만들 때는 실을 대략 1.2~1.3볼 정도 사용해요.
그래서 처음부터 가로세로 사이즈를 약간 더 늘려서 만들거나,
아니면 아예 더 작게 해서 같은 가방을 2개 만들어도 좋을 것 같네요.

NOTE
o 바탕 실과 배색 실의 선택 기준은 따로 없으니 자유롭게 시작하되,
각각의 컬러가 어떤 것인지는 숙지해주세요.
o 이 작품에서는 주로 네길긴뜨기가 사용됩니다.

02:02   ###### ∞∞∞— 시작하기

기초사슬 102코를 떠주세요. 기초사슬을 원하는 길이만큼 떠 크기를 조절할 수 있습니다. 크기를 조절할 때는 기초사슬 코를 6의 배수로 만들어주세요. 마지막 사슬 반 코에 마커로 표시를 해주세요. 이 마커는 작품이 완성될 때까지 달아두어 가장자리를 알아볼 수 있게 합니다.

∞∞∞— 가방 몸통 만들기

02:59   **1단** 사슬 6코(첫 번째 네길긴뜨기 역할을 하는 기둥코)를 뜨고 마지막 기둥사슬 코에 시작 마커를 달아주세요.
네모의 간격이 되는 사슬 5, 마커 다음 코에서부터 6번째 코에 네길긴뜨기 1. 사슬 끝까지 [사슬 5, 6번째 코에 네길긴뜨기 1]×9
* 마지막에는 사슬이 5개 남는 게 맞습니다.

사슬 끝까지 떴다면 아래의 '반대편 시작하기' 기법을 참고해 반대쪽까지 [사슬 5, 6번째 코에 네길긴뜨기 1]을 반복해주세요.

06:48   ###### ∞∞∞— 반대편 시작하기

01 마지막 네길긴뜨기를 하는 시점이 오면 코가 6코가 아닌 5코가 남습니다. 바늘에 실을 4번 감은 채로 시작 사슬의 반대쪽 반 코에 바늘을 찔러 넣습니다.

02 반대쪽에 네길긴뜨기를 한 모습. 자연스럽게 시작 사슬 반대쪽으로 편물이 돌아갑니다. 이제 시작사슬 반대쪽으로 네길긴뜨기를 반복해줍니다.

1단 마무리하기

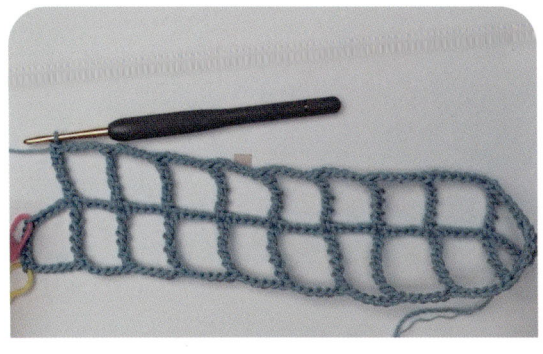

01 마지막까지 네길긴뜨기를 반복하면 마지막에 이런 모양이 됩니다.

02 사슬을 5개 만들어줍니다.

03 바닥 마커가 아닌 두 번째로 달아주었던 시작 마커 위치에 이어줄 겁니다.

04 마커를 빼고 마커 위치에 바늘을 꽂아 빼뜨기를 해주세요.

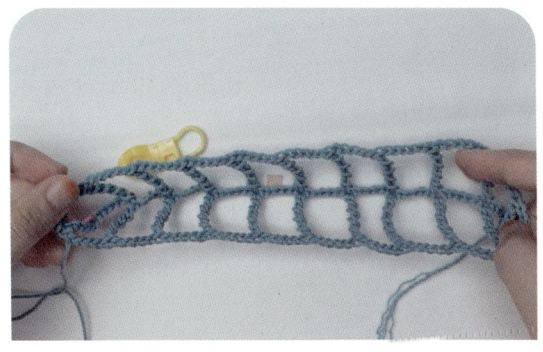

05 빼뜨기를 한 모습.

06 겉면이 밖으로 오도록 뒤집어줍니다.

09:21 ∞∞— **앞뒤 구분하는 방법**

01 겉면의 기둥 양쪽 코의 모습은 V자로 나란한 모양입니다.

02 안면의 기둥 양쪽 코의 모습은 코산이 보이는 볼록한 모양입니다.

09:50 **2단** 기둥사슬 6(첫 번째 네길긴뜨기 역할. 시작 마커 표시), [사슬 5, 6번째 코에 네길긴뜨기 1] 반복. 사슬 5, 시작 마커 위치에 빼뜨기.

2단을 반복해 원하는 길이만큼 단을 올리는데 원하는 단보다 1단 적게 떠줍니다. 예를 들어 원하는 길이가 10단이라면 9단까지만 떠주세요. 마지막 단은 손잡이를 만들면서 떠줍니다.

∞∞— **배색하기**

12:47 꼬리실이 왼쪽, 마커로 표시한 가장자리가 오른쪽에 오도록 편물을 놔주세요.

1단 마커 다음 코에서부터 세 번째 코에 첫 코를 만들어줄 건데, 바늘을 찌를 때 2가닥이 걸릴 수 있도록 해주세요. 배색 실을 끌어와 기둥사슬 3코를 만드는데, 이게 첫 번째 한길긴뜨기 역할을 해줍니다. 꼬리실을 감춰가며 떠주세요*.

기둥사슬 마지막 코에 시작 마커를 달아주세요. 꼬리실을 계속 왔다갔다 하면서 네모의 간격이 되는 사슬을 5개 만들어주세요. 남은 꼬리실은 이제 잘라도 됩니다. 바늘에 실을 걸어 기둥과 기둥 사이 중간 코(세 번째 사슬)에 한길긴뜨기를 만들어주세요. [사슬 5, 한길긴뜨기 1]을 반복해주세요.

사슬 뜨면서 꼬리실 감추기

01 첫 코 자리에 바늘을 찔러넣고 배색 실을 끌어옵니다.

02 꼬리실을 바늘 뒤에서 오른쪽으로 넘깁니다.

03 그 상태에서 사슬을 하나 떠줍니다.

04 꼬리실을 다시 왼쪽으로 넘깁니다.

05 사슬을 하나 떠줍니다.

06 꼬리실을 오른쪽으로 넘겨 사슬을 떠줍니다. 기둥사슬 3개가 만들어졌습니다.

∞ **배색 단 코너**

01 마지막 사슬 5개를 떠줍니다.

02 기둥에서 세 번째 코에 한길긴뜨기를 떠주면 꼬리실이 있는 코너가 남아 있습니다.

03 사슬을 5개 떠줍니다.

04 바탕 편물을 감싸듯이 돌아서 마지막 한길긴뜨기 반대편 반 코에 한길긴뜨기를 떠줍니다.

05 이런 모양이 나옵니다.

06 배색 편물이 바탕 편물을 감싸는 듯한 모양이 됩니다.

18:10 * 단 마무리 부분도 마찬가지로 사슬 5개를 만든 후 편물을 감싸듯이 시작 마커에 빼뜨기를 해주세요.

19:03 **2단** 배색 2단*부터는 바탕 편물과 동일한 방식으로 사슬 6(첫 번째 네길긴뜨기 역할. 시작 마커 표시), [사슬 5, 네길긴뜨기 1]을 끝까지 반복합니다. 단, 네길긴뜨기를 바탕 편물 가로 사슬 뒤로 떠서 편물끼리 얽힐 수 있도록 해주세요.

마지막에는 사슬 5개를 뜨고 시작 마커 부분에 빼뜨기로 마무리해주세요.

배색 2단을 반복해 바탕 편물과 같은 단수대로 올려주는데, 1단 한길긴뜨기 단은 제외하고 단수를 세어주세요(배색 편물이 바탕 편물보다 더 위로 올라올 때까지 뜨면 됩니다).

23:49 ∞∞── **가방 몸통 마무리하기**

01 배색 단까지 마치면 이런 모습입니다. 바탕 실을 사용해서 끝부분을 깔끔하게 마무리해줍니다.

02 여기까지 마쳤을 때 바탕 실이 배색 실 바깥으로 나와 있는 경우가 있습니다.

03 배색 편물의 빼뜨기를 잠깐 빼고 바탕 실을 안쪽으로 넣어준 후 진행합니다.

04 배색 실 안쪽에서 바탕 실로 정리 단을 진행합니다. 사슬을 6개 만들고 시작 마커를 달아주세요.

05 사슬 2개를 더 떠주세요.

06 배색 편물 기둥 위에 한길긴뜨기를 해주세요(첫 코는 빼뜨기를 한 코에 한길긴뜨기를 해줍니다).

07 사슬 2개를 떠주세요.

08 배색 가로 사슬이 앞으로 오도록 해서 바탕 편물 기둥 위에 네길긴뜨기를 떠줍니다. 이대로 [사슬 2, 한길긴뜨기 1, 사슬 2, 네길긴뜨기 1]을 반복해줍니다.

배색 2단

01 사슬을 6코 뜨고 마커를 달아줍니다.

02 사슬 5코를 뜨고, 네길긴뜨기를 하기 위해 바늘에 실을 4번 감아줍니다.

03 바탕 편물 가로 사슬 뒤로 바늘을 넣어 네길긴뜨기를 해줍니다.

04 배색 네길긴뜨기 기둥이 바탕 편물 사슬에 걸린 모습이 됩니다.

26:44 ∞∞— 어깨끈

바탕 실로 정리 단을 완료했으면 이번에는 배색 실로 어깨끈•을 만들어줍니다.

1단(배색 편물) 기둥사슬 3(첫 번째 한길긴뜨기 역할), [사슬 2, 한길긴뜨기 1]×8, 사슬 120, [사슬 2, 한길긴뜨기 1]×16, 사슬 120, [사슬 2, 한길긴뜨기 1]×8.

31:48 바탕 실로 실을 바꿔줍니다.

2단(바탕 편물) 기둥사슬 3, [사슬 2, 한길긴뜨기 1] 반복. 어깨끈 부분은 사슬 3코마다 뒷산에 한길긴뜨기를 진행해줍니다. 끝까지 뜨고 빼뜨기 후 사슬 1개로 마무리해줍니다.

바탕 편물과 배색 편물의 실을 자르고 돗바늘로 마무리해주세요.

어깨끈 만들기

01 바탕 편물 한길긴뜨기 코머리에 바늘을 앞에서 뒤로 넣어줍니다.

02 빼뒀던 배색 편물 코를 바탕 편물의 가로 사슬 아래로 보내줍니다.

03 바늘에 코를 걸어 끌어냅니다. 코의 크기가 너무 작아지면 바탕 편물의 한길긴뜨기가 찌그러지므로 코를 적당한 크기로 조정합니다.

04 사슬 3개(첫 번째 한길긴뜨기 역할)를 떠주고 시작 마커를 달아줍니다.

05 사슬 2개를 더 떠줍니다. 바탕 편물 기둥 위에 한길긴뜨기를 해줍니다. [사슬 2, 한길긴뜨기 1]을 반복합니다.

06 작은 네모가 아닌 큰 네모를 기준으로 네트 5칸까지 [사슬 2, 한길긴뜨기 1]을 반복합니다.

07 왼쪽부터 5칸을 세어 기둥에 마커를 달아줍니다. 사슬로 끈을 만들고 해당 코에 이어줄 겁니다.

08 사슬을 120코 만들고 마커를 달아둔 코에 한길긴뜨기 해 이어줍니다(어깨끈 사이에는 총 7칸이 있게 됩니다).

09 [사슬 2, 한길긴뜨기 1]을 반대편 5칸까지 반복합니다.

10 사슬을 120개 뜨고 왼쪽에서 5칸 기둥에 한길긴뜨기로 이어준 다음 [사슬 2, 한길긴뜨기 1]을 단 끝까지 진행하고 빼뜨기로 마무리합니다.

꽃 파우치

사용한 실
S 블랑 2볼(A색 1+B색 1)
M 코나 2볼(A색 1+B색 1)

사용한 바늘
S 모사용 코바늘 5호
M 모사용 코바늘 7호

완성 크기
S 가로 8.5×세로 10.5cm
M 가로 13×세로 17cm

준비물
S 마커, 돗바늘 S, 볼체인(군번줄)
M 마커, 돗바늘 M, 미니 라벨, 반짇고리

봄을 담아 싱그러운 꽃 파우치.
컴팩트한 사이즈로 립밤이나 팩트, 차키 등 간단한 소품을 담기에 제격이에요.
가벼운 선물로도 정말 좋답니다. 꼭 원작 실이 아니어도 괜찮아요.
자투리실 등을 활용하여 나만의 색 조합으로 개성 있는 파우치를 만들어보세요.
S는 색을 바꿔 최대 4개까지, M은 마지막 1단을 덜 뜨면 최대 2개까지
만들 수 있습니다(손땀에 따라 상이할 수 있음).
모티브를 연결하지 않으면 귀여운 티코스터로 활용할 수도 있어요.

> **NOTE**
> ○ 이 파우치는 전체적으로 무사슬 기법 *p.74~75*을 사용하여 떴습니다.
> 무사슬 기법을 활용할 때는 언제나 첫 번째 코가 아닌 두 번째 코에 시작 마커를 걸어줍니다.
> ○ 파우치에 사용된 꽃 모티브는 네덜란드의 Atty 작가님의 도안을 살짝 변형하여 만들었어요.

∞∞— 시작하기(중앙)

04:20

1단 A색으로 매직링 안에 긴뜨기 총 10개. 실 잘라 마무리.
* 매직링으로 시작하기는 *p.72* 참고.

∞∞— 꽃잎

07:34

꽃잎은 B색으로 코머리가 아닌 코머리 뒤쪽에 있는 1가닥에 떠줍니다.
두 번째 긴뜨기에 시작 마커를 달아주세요. 뒷면의 꼬리실은 뜨면서 감춰주세요.

2단 [한 코에 긴뜨기 2개]×10 (총 20코)

13:07

3단 [긴뜨기 1, 한길긴뜨기 1, 한 코에 두길긴뜨기 3, 한길긴뜨기 1, 긴뜨기 1, 빼뜨기]×5
실을 잘라 돗바늘로 마무리합니다.
* 3단까지 뜨면 본격적으로 꽃잎 모양이 나타납니다.
* 다음 단으로 넘어갈 때는 *p.74*의 무사슬 기법 단 넘어가기를 참고하세요.

∞∞— 바탕

꽃 모양의 모티브를 원형으로(4단), 사각형으로(5단), 더 큰 사각형으로(6단) 단계적으로 변형시켜 모티브를 완성합니다.

18:31

4단 [짧은뜨기 1, 긴뜨기 1, 한길긴뜨기 2, 두길긴뜨기 1, 한길긴뜨기 2, 긴뜨기 1]×5
* 4단은 바늘이 들어가는 위치가 2단과 동일합니다(코머리 뒷가닥). 단, 두길긴뜨기 딱 한 코만 코머리에 바늘을 넣어주세요.
* 처음은 꽃잎의 가장 높은 코에서부터 시작합니다.
* 꼬리실은 함께 감춰가며 떠주세요.

24:36

5단 [한 코에 두길긴뜨기 1+한길긴뜨기 1, 한길긴뜨기 1, 긴뜨기 1, 짧은뜨기 3, 긴뜨기 1, 한길긴뜨기 1, 한 코에 한길긴뜨기 1+두길긴뜨기 1]×4
코너는 [한 코에 두길긴뜨기 1+사슬 1+두길긴뜨기 1]×4

꽃잎 뜨는 위치

01 일반적으로 뜰 때 바늘을 찔러넣는 코머리(땋은 머리 모양 2가닥)를 찾으세요.

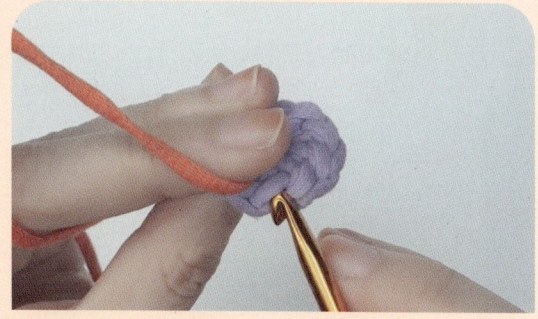

02 코머리 바로 뒤에 있는 1가닥의 실이 바늘이 들어갈 공간입니다.

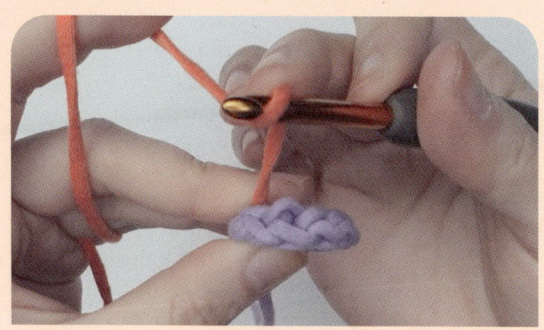

03 꽃잎을 뜰 실을 바늘에 한 번 감아 2의 위치에 바늘을 넣어주세요.

04 무사슬 기법으로 긴뜨기를 떠줍니다.

30:35 **6단** 한 코에 하나씩 긴뜨기. 코너는 사슬 공간에
[한길긴뜨기 1+사슬 1+한길긴뜨기 1]×4
실을 잘라 돗바늘로 마무리합니다.

6단까지 뜬 모티브 2장을 준비합니다.
실을 모티브 전체 길이의 5배 정도로 잘라 모티브 2장을 돗바늘로 이어줍니다.
이때는 모티브의 안면을 보며 진행합니다.

33:38 ∞— **모티브 연결하기**

01 모티브 2장을 나란히 둡니다. 2장 모두 꼬리실이 아래로 내려온 상태에서 이어줘야 꽃 모양이 제대로 나옵니다.

02 안면이 밖을 향하도록 2장을 겹쳐줍니다.

03 왼쪽 위 모서리의 사슬을 찾아줍니다. 사슬 코 다음 코부터 이어주기 시작합니다.

04 앞쪽의 모티브는 코 2가닥 중 내 몸쪽에 가까운 실 1가닥을 꿰고, 뒷쪽 모티브는 내 몸에서 먼 쪽의 1가닥을 꿰어 이어줍니다.

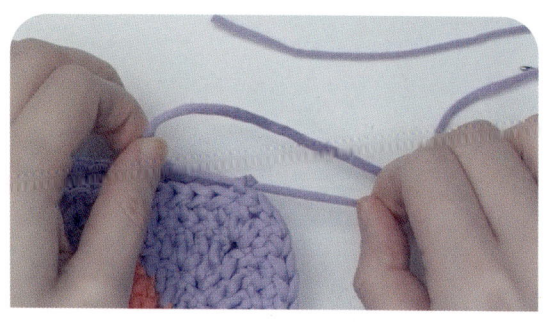

05 처음 시작할 때는 매듭을 2번 정도 지어서 고정해줍니다.

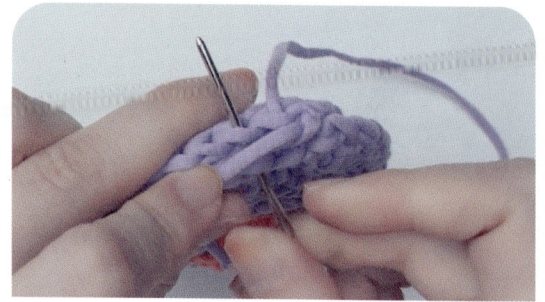

06 각 코머리의 1가닥씩을 꿰어 꼬리실을 감추면서 쭉 이어줍니다.

∞── 파우치 윗부분

7단부터는 모티브를 이은 파우치의 윗부분입니다.

37:49 **7단** 한 코에 하나씩 짧은뜨기. 단, 앞/뒤 모티브의 각각 중앙 부근에서 같은 코에 짧은뜨기 2코를 떠서 총 4코를 늘려줍니다. (총 36코)
* 이번 단에서 콧수를 잘 맞춰야 완성된 파우치의 형태가 잘 나오니 주의하세요.

41:04 **8단** [짧은뜨기 2, 사슬 1, 한 코 건너뛰기]×12
* 처음에는 짧은뜨기 1, 사슬 1까지만 하고 넘어갑니다. 나머지 짧은뜨기 1개는 돌아와서 만들어줍니다.

43:51 **9단** [사슬 공간에 한길긴뜨기 2, 한길긴뜨기 2]×12 (총 48코)

45:58 **10단** [한길긴뜨기 3, 한 코에 한길긴뜨기 2(코늘리기)]×12 (총 60코)
* 코나 한 세트로 파우치 2개를 만들 때에는 이 10단을 생략합니다.

실을 잘라 돗바늘로 마무리합니다.

∞── 조임끈

48:54 원하는 길이만큼 사슬을 떠주세요(원삭은 사슬 45개). 총 2개의 끈을 만들어 파우치 상단에 끼워줍니다.

취향에 맞춰 라벨을 달아주면 완성입니다.

조임끈 넣는 방법

01 돗바늘에 조임끈을 꿰어줍니다.

02 파우치 측면에 조임끈 구멍을 찾아줍니다.

03 돗바늘을 조임끈 구멍으로 넣어 다음 구멍으로 빼냅니다.

04 아래위로 왔다갔다 하면서 조임끈을 전부 통과해줍니다.

03 나머지 1개의 조임끈도 바늘에 꿰어 반대쪽에서부터 꿰어줍니다.

04 2가닥의 조임끈 끝을 묶어 연결해줍니다.

machine cannot make this.

쁘띠 코지 머플러

사용한 실
벨벳 2~3볼

사용한 바늘
모사용 코바늘 10호

완성 크기
폭 9~10cm, 길이 150cm

준비물
돗바늘, 마커, 가위, 라벨(부착 시 돗바늘 S와 일반 바느질용 바늘 사용)

벨벳 실 2볼을 몽땅 써서 만드는 작품입니다.
굵은 코바늘로 숭덩숭덩 금방 완성할 수 있기 때문에 연말 선물로 제격인 아이템이에요.
개인에 따라 길이가 다소 짧게 나올 수 있기 때문에 손땀이 작지 않다면
3볼을 준비하시는 것을 추천합니다.

NOTE
○ 첫 번째 코에 마커를 표시하고 뜨면 시작점을 알기 쉽습니다.

∞— 시작하기

02:24 기초사슬 14개를 만들어주세요(3의 배수+2). 나중에 돗바늘로 정리해줘야 하기 때문에 꼬리실은 너무 짧게 남기지 말고 넉넉하게 남겨주세요.

03:00 **1단** 사슬 1, 두 번째 사슬 코산부터 각 코의 코산마다 짧은뜨기. (총 14코) 만약 코산을 찾는 것이 어렵다면 평범하게 사슬 반 코씩에 만들어도 됩니다.

05:04 **2단** 기둥사슬 1, 편물을 뒤집어 짧은뜨기 14.

∞— 무늬 뜨기

05:48 3단은 패턴을 만들기 위한 토대이며 4단부터 무늬가 시작됩니다.

05:52 **3단** 기둥사슬 2, 편물을 돌려서 다음 코부터 한길긴뜨기 12, 긴뜨기 1.
* 시작 지점의 기둥사슬 2코(긴뜨기 1개 역할)과 마지막의 긴뜨기는 전체 머플러의 테두리 같은 역할을 해줍니다. 실제 패턴이 만들어지는 공간은 양쪽 긴뜨기 2개를 제외한 한길긴뜨기 12코입니다.

07:26 **4단** 기둥사슬 2, 편물을 돌려서 앞걸어 한길긴뜨기 4, 뒤걸어 한길긴뜨기 4, 앞걸어 한길긴뜨기 4, 긴뜨기 1.
* 마지막 긴뜨기는 코머리가 아닌 기둥 사이 구멍에 약간 타이트하게 떠주세요.

11:41 **5단** 기둥사슬 2, 편물을 돌려서 뒤걸어 한길긴뜨기 4, 앞걸어 한길긴뜨기 4, 뒤걸어 한길긴뜨기 4, 긴뜨기 1.
* 전 단의 무늬를 똑같이 따라 뜹니다. 현재 뜨고 있는 무늬의 뒤걸어뜨기 가로 선이 3개가 나왔다면 패턴 한 줄을 완성한 거예요. 다음 단에는 반대 무늬로 바꿔 떠주세요.

15:12 **6단** 기둥사슬 2, 편물을 돌려서 뒤걸어 한길긴뜨기 4, 앞걸어 한길긴뜨기 4, 뒤걸어 한길긴뜨기 4, 긴뜨기 1.
* 앞걸어뜨기와 뒤걸어뜨기를 반대로 바꿔주는 단입니다.

18:00 **7단** 기둥사슬 2, 편물을 돌려서 앞걸어 한길긴뜨기 4, 뒤걸어 한길긴뜨기 4, 앞걸어 한길긴뜨기 4, 긴뜨기 1.

4~7단을 반복해주세요. 원하는 길이만큼 무늬에 맞춰 떠줍니다.

∞— 마무리

23:22 **1단** 기둥사슬 1, 편물을 돌려서 첫 번째 코부터 짧은뜨기 14.

24:33 마지막 짧은뜨기는 긴뜨기 기둥 사이로 바늘을 꽂아 떠주세요.

24:54 **2단** 기둥사슬 1, 편물을 돌려서 첫 번째 코부터 짧은뜨기 14.
마무리 사슬을 1개 만들고 실을 적당히 잘라 죽 당겨 빼줍니다.

꼬리실을 돗바늘에 꿰어 정리해줍니다.

26:28 취향에 따라 라벨을 달아 완성합니다.
이때 돗바늘 S와 일반 바늘이 사용됩니다.

크레용 비니

사용한 실
피카소울 10ply 4볼(단색: 4 / 믹스: A색 2+B색 2)

사용한 바늘
모사용 코바늘 7호(필수는 아니지만 7.5호, 8호도 준비하면 좋습니다.)

완성 크기
프리 사이즈(신축성 좋은 편)

준비물
돗바늘, 마커, 가위, 라벨

두 가지 색을 배색해서 만드는 디자인이지만 단색으로 떠도 트렌디하고 예뻐요.
가로로 떠서 옆을 잇고 정수리 부분을 조여주는 식으로 만들어요.
개성 있는 라벨을 달아 완성도를 높여주었답니다.

NOTE
- 단수는 비니의 둘레를, 기초사슬 개수는 비니의 세로 길이를 결정합니다.
- 샘플은 기초사슬 60개에 68단으로 만들었어요.
- 단색으로 뜰 경우, 총 단수는 2의 배수(ex. 62단, 64단, 70단 등)로 맞춰주세요.
- 배색으로 뜰 경우, 총 단수는 4의 배수(ex. 64단, 72단 등)로 맞춰주세요.
- 한 컬러당 2단씩 반복되며(첫 단과 마지막 단만 1단씩) 실 컬러 변경은 좁은 쪽(짧은뜨기)에서만 이루어집니다.
- 각 단의 첫 코에 시작 마커를 달면서 작업하면 코를 찾기 쉬워요.

∞— 시작하기

03:54   기초사슬을 총 60코 만듭니다.

* 원작은 기초사슬 단계에서만 7.5호 코바늘을 사용했습니다. 7호를 사용한다면 타이트하게 뜨지 말고 설렁설렁한 느낌으로 떠주세요(8호는 너무 클 수 있어요).
* 1단 시작 전 10번째 사슬 코산에 마커를 걸어 짧은뜨기의 경계를 표시합니다.

04:43   **1단** 기둥사슬 2, 긴뜨기 50, 짧은뜨기 10.

* 세 번째 사슬 코산에서부터 첫 번째 긴뜨기를 만들기 시작합니다(시작 마커 표시).
* 이때 만든 기둥사슬 2개는 첫 코로 치지 않습니다. 비니 가장자리를 예쁘게 만들기 위한 트릭이에요.
* 시작 전 사슬에 마커로 표시했던 10번째 코산부터는 짧은뜨기 10개를 떠주세요.
* 마지막 코를 뜰 때 실 색을 바꿔주세요.

08:00   ∞— 실 컬러 바꾸기

01 1단을 다 뜨고 마지막 코가 남았습니다.

02 마지막 코 코산에 바늘을 찔러줍니다.

03 바꿀 색 실을 가져와 사진처럼 잡아줍니다.

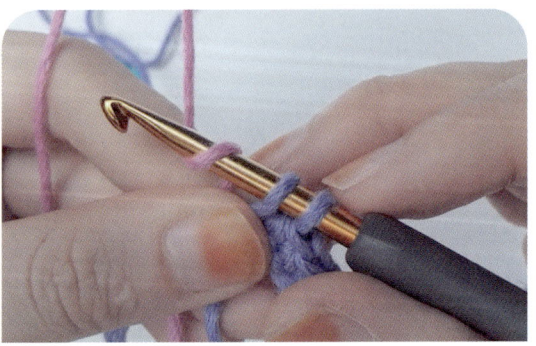

04 바늘에 바꿀 색 실을 걸어줍니다.

05 바늘에 걸려 있는 고리 2개를 모두 통과해줍니다.

06 늘어난 실은 잡아당겨 주세요.

08:52	앞으로 나오는 모든 단에서 코머리 뒷쪽 반 코만 주워 떠줍니다 (이랑뜨기).
	2단 기둥사슬 1, 짧은뜨기 10, 긴뜨기 50.
	바꾼 실로 기둥사슬을 1개 뜨고 편물을 뒤집습니다.
	첫 번째 짧은뜨기 코에 시작 마커를 표시합니다.
10:54	**3단** 기둥사슬 2, 긴뜨기 50, 짧은뜨기 10.
	실 컬러를 바꾸지 않고 기둥사슬 2개를 뜬 후 편물을 뒤집습니다.
	마지막 코에서 실 컬러를 바꿔주세요.
13:55	**4단** 기둥사슬 1, 짧은뜨기 10, 긴뜨기 50.
	바꾼 실로 기둥사슬 1개 뜨고 편물을 뒤집습니다.
	* 4단은 2단과 동일합니다.
14:58	**5단** 사슬 2, 긴뜨기 50, 짧은뜨기 10.
	실 컬러를 바꾸지 않고 기둥사슬 2개를 뜬 후 편물을 뒤집습니다.
	마지막 코에서 실 컬러를 바꿔주세요.
	* 5단은 3단과 동일합니다.
	위와 같이 계속해서 2~3단을 반복해 68단까지 떠줍니다.
	* 마지막 단은 1단과 동일한 컬러여야 하고, 마지막 코는 긴뜨기로 끝이 납니다.
17:35	연결 전 편물의 실측 사이즈는 가로 상단 26cm, 가로 하단 49cm, 세로 29cm입니다(원작 실 기준).

∞∞— 연결하기

17:52 사슬 1개 후 편물을 돌려줍니다. 뜨던 쪽이 오른편에, 짧은뜨기 쪽이 왼편에 있게 됩니다.

뜨고 있는 쪽(68단)이 몸쪽으로 오도록 편물을 접어 1단과 68단을 마주 잡고, 오른쪽에서부터 빼뜨기로 연결*합니다.

* 현재 바라보고 있는 면이 비니의 안면입니다.
* 편물을 연결할 때는 빼뜨기를 느슨하게 진행해야 하므로 힘조절이 어려울 경우 원작처럼 빼뜨기 연결 부분에서만 8호 코바늘을 이용합니다.
* 다 이어준 후 마무리를 위한 사슬 1개를 떠줍니다. 그리고 실을 자르기 전에 비니 모양을 만들어 머리에 써봅니다. 사이즈가 맞지 않으면 규칙에 맞춰 단수를 조정합니다.

∞∞— 윗부분 모아주기

21:21 뜨던 실의 꼬리실을 약 50cm 남기고 자릅니다(배색 실은 돗바늘로 정리할 수 있는 길이 정도로만 잘라주세요). 그리고 겉면이 밖을 향하도록 뒤집어줍니다.

겉면을 바라보며 돗바늘을 이용해 윗부분을 모아줍니다*.

남은 실을 정리하고 라벨을 달아 완성합니다.

빼뜨기로 편물 연결하는 법

01 첫 번째 코를 찾아줍니다. 맨 끝의 한 줄 위로 보이는 V자가 첫 번째 코입니다.

02 몸쪽 끝단(68단)에서 안쪽 반 코에 바늘을 찌릅니다.

03 바깥쪽 끝단(1단)에서 안쪽 반 코에 바늘을 찌릅니다.

04 실을 걸어 3가닥을 모두 통과해 빼뜨기해줍니다.

정수리 오므리기

01 마지막 뜬 실로 해당 색의 단 코머리 쪽을 1가닥씩 띄엄띄엄 찔러줍니다.

02 색이 바뀌는 곳마다 바늘을 찔러주세요.

03 첫 코까지 왔다면 처음 바늘을 넣었던 곳에 다시 찔러주세요.

04 힘껏 당겨서 오므려줍니다(실이 끊어지지 않게 주의하세요).

05 바늘을 이리저리 찌르고 실을 당겨 구멍을 메우고 모양을 잡아주세요.

06 다 오므려졌다면 가운데 구멍으로 바늘을 찔러 빼낸 뒤 안쪽에서 정리하세요.

소프트 코지 머플러

사용한 실
좁은 버전 포그니 2볼
넓은 버전 포그니 4볼

사용한 바늘
모사용 코바늘 10호

완성 크기
좁은 버전 폭 4.5cm, 길이 180cm(샘플 기준 1볼 당 140cm 제작 가능)
넓은 버전 폭 13cm, 길이 170cm(샘플 기준 1볼 당 40cm 제작 가능)

준비물
돗바늘, 마커, 반짇고리, 라벨

쁘띠 코지 머플러보다 훨씬 더 쉬운 방법으로 만드는 소프트 코지 머플러!
원하는 사이즈로 자유롭게 조절이 가능합니다.
따뜻하고 보들보들한 촉감 덕분에 계속 만지고 싶어질 거예요!

> **NOTE**
> ○ 좁은 버전과 넓은 버전은 콧수 외에는 같은 기법을 사용합니다.
> ○ 털이 긴 실 특성상 육안으로 코를 알아보기 어렵습니다. 무늬를 만들 때는 괜찮지만 처음과 마지막의 짧은뜨기 단에서는 손끝의 감각으로 코를 구분해야 해요. 책에 수록된 영상은 코가 잘 보이는 코나 실을 사용했습니다. 영상을 보며 찬찬히 따라해보세요.

∞∞∞— 시작하기

코나 02:35 • 포그니 06:17

기초사슬을 좁은 버전은 5코(2의 배수+1코),
넓은 버전은 16코(4의 배수)로 떠주세요.

코나 03:44 • 포그니 06:43

1단 기둥사슬 1, 두 번째 사슬부터 짧은뜨기(첫 번째 코에 마커 달기).
(좁은 버전: 총 5코, 넓은 버전: 총 16코)

코나 08:44 • 포그니 10:37

2~6단 [기둥사슬 1, 짧은뜨기] 반복.
(좁은 버전: 총 5코, 넓은 버전: 총 16코)

* 다음 단부터는 좁은 버전과 넓은 버전의 도안이 달라집니다. 해당 부분을 찾아
  떠주세요.

∞∞∞— 좁은 버전 뜨기

7단 양쪽에서 코를 늘려주고, 그다음 단부터는 한 코에 하나씩 평단으로
무늬를 진행합니다.

코나 12:28 • 포그니 19:23

7단 기둥사슬 2(=긴뜨기 1개 역할)+한길긴뜨기 1, 한 코에 하나씩
한길긴뜨기 3, 마지막 코에 한길긴뜨기 1+긴뜨기 1 (총 7코)

코나 14:57 • 포그니 20:38

8단 기둥사슬 2(=긴뜨기 1개 역할), [앞걸어뜨기 1, 뒤걸어뜨기 1] 반복,
마지막 코는 긴뜨기 1.
* 무늬 단의 마지막 긴뜨기 1개는 언제나 코머리가 아닌 코 기둥 사이에 만듭니다.
* 앞걸어뜨기, 뒤걸어뜨기는 *p.70~71* 참고.

코나 17:39 • 포그니 22:08

9단 기둥사슬 2(=긴뜨기 1개 역할), 뒤걸어뜨기(들어간 코)에는
뒤걸어뜨기, 앞걸어뜨기(튀어나온 코)에는 앞걸어뜨기 반복, 긴뜨기 1.

8~9단을 반복해 원하는 길이보다 1단 적게 떠주세요. 마지막 단에서는

7단에서 늘려줬던 코를 다시 줄여줍니다.

코나 33:23 • 포그니 33:55

무늬 마지막 단 코를 줄여주기 직전에 마커로 양쪽의 2코씩을 표시하는 단계입니다. 기둥사슬 2개와 그다음 한길긴뜨기 코에 마커를 하나씩 걸어줍니다.
패턴에 따라 진행하다가 마지막 2코가 남았을 때, 마지막 한길긴뜨기 1코와 마지막 긴뜨기 1코에 마커를 하나씩 걸어줍니다.

코나 36:03

무늬 다음 짧은뜨기 1단 기둥사슬 1, 코줄이기 1, 짧은뜨기 3, 코줄이기 1. (총 5코)

* 총 7코에서 5코로 줄어듭니다.
* 코줄이기는 *p.67* 참고.

이어서 짧은뜨기 평단으로 5단을 더 떠준 후 마무리 사슬 1개를 뜨고 실을 잘라 돗바늘로 마무리합니다.

∞── 넓은 버전 뜨기

7단 양쪽 2코씩 코를 늘려주고, 그다음 단부터는 한 코에 하나씩 평단으로 무늬를 진행합니다.

24:10

7단 기둥사슬 2(=긴뜨기 1개 역할)+한길긴뜨기 1, 한 코에 한길긴뜨기 2, 한 코에 하나씩 한길긴뜨기 12, 끝에서 두 번째 코에 한길긴뜨기 2, 한 코에 한길긴뜨기 1+긴뜨기 1. (총 20코)

26:58

8단 기둥사슬 2(=긴뜨기 1개 역할), [앞걸어뜨기 2, 뒤걸어뜨기 2] 반복, 마지막 코는 긴뜨기 1.

* 2코마다 앞/뒤걸어뜨기를 번갈아가며 패턴을 만들어줍니다.
* 무늬 단의 마지막 긴뜨기 1개는 언제나 코 머리가 아닌 코 기둥 사이에 만듭니다.
* 앞걸어뜨기, 뒤걸어뜨기는 *p.70~71* 참고.

29:09

9단 기둥사슬 2(=긴뜨기 1개 역할), 뒤걸어뜨기(들어간 코)에는 뒤걸어뜨기, 앞걸어뜨기(튀어나온 코)에는 앞걸어뜨기 반복, 긴뜨기 1.

8~9단을 반복해 원하는 길이로 만들어주세요.

원하는 길이보다 1단 적게 떠주세요. 마지막 단에서는 7단에서 늘려줬던 코를 다시 줄여줍니다.

39:13 **무늬 마지막 단** 코를 줄여주기 직전에 마커로 양쪽의 4코씩을 표시하는 단계입니다.
기둥사슬 2개, 그다음 한길긴뜨기 3코에 각각 마커를 하나씩 총 4개 걸어줍니다.
패턴에 따라 진행하다가 마지막 4코가 남았을 때, 끝에서 한길긴뜨기 3코와 마지막 긴뜨기 1코에 마커를 하나씩 걸어줍니다.

42:27 **무늬 다음 짧은뜨기 1단** 기둥사슬 1, 코줄이기 2, 한 코에 하나씩 짧은뜨기 12, 코줄이기 2. (총 16코)
* 총 20코에서 16코로 줄어듭니다.
* 코줄이기는 *p.67* 참고.

이어서 짧은뜨기 평단으로 5~6단을 더 떠준 후 마무리 사슬 1개를 뜨고 실을 잘라 돗바늘로 마무리합니다.

44:49 취향대로 라벨을 붙인 다음 완성합니다.
* 라벨 달기는 *p.78* 참고.

주사위 키링

사용한 실
포그니 1볼, 코튼필드 1볼

사용한 바늘
모사용 코바늘 5호

완성 크기
지름 5cm

준비물
돗바늘 M, 가방 바닥(망), 메탈 라벨, 가위, 줄자, 외경 8mm O링 2개,
O링 반지, 키링 고리, 순간접착제

똥손도 겁없이 도전해볼 수 있는 주사위 키링입니다.
코바늘보다 돗바늘을 더 많이 사용하기 때문에 난이도가 아주 낮아요.
키링 고리를 부착하지 않는다면 실제로 굴릴 수 있어 소품으로
활용할 수도 있답니다.

NOTE
- 가방 바닥(망) 1장으로 대략 30개 정도의 네모가 나옵니다(주사위 약 4~5개 분량).
- 다른 실을 사용하려면 망을 채울 때 빈 공간이 보이지 않도록 포그니처럼 털이 긴 실을 사용해주세요.
- 영상에서는 알아보기 쉽도록 예시 버전과 원작 실 버전을 담았고,
각 단계에 표시된 타임라인을 확인한 후 영상을 참고해주세요.

1
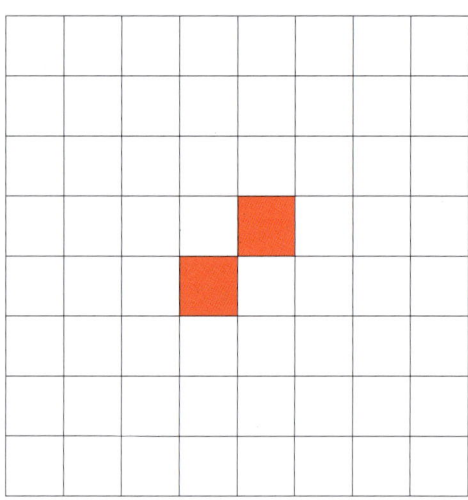

2
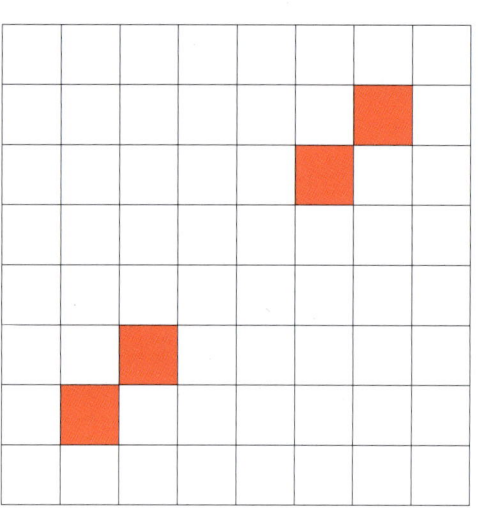

4
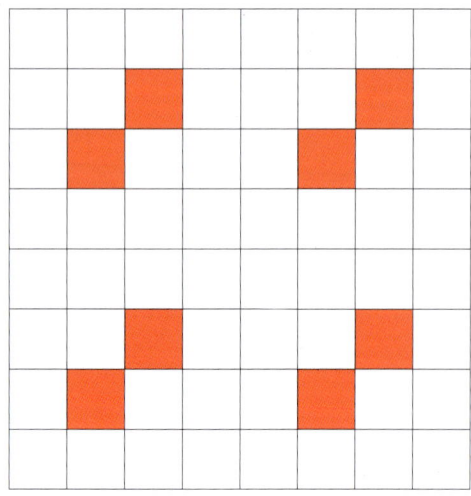

5
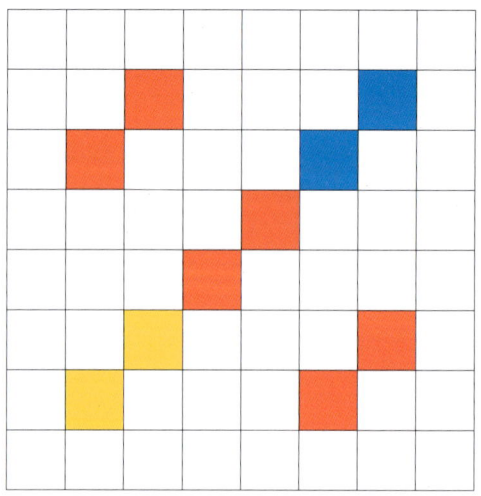

3

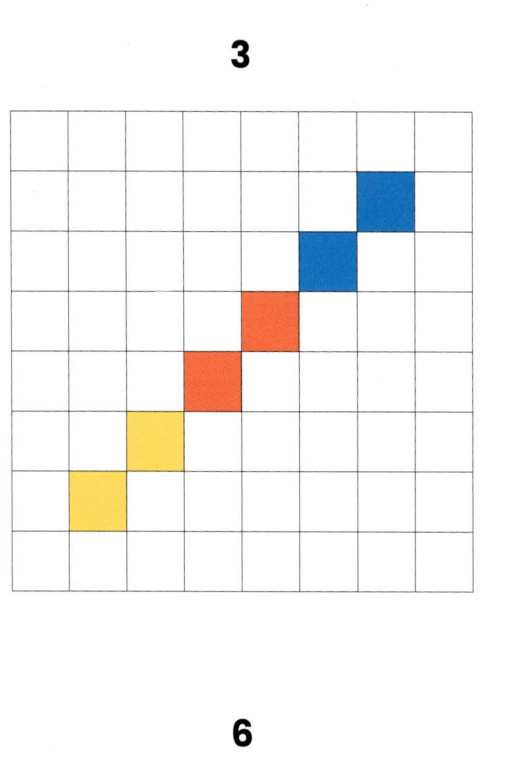

메탈 라벨

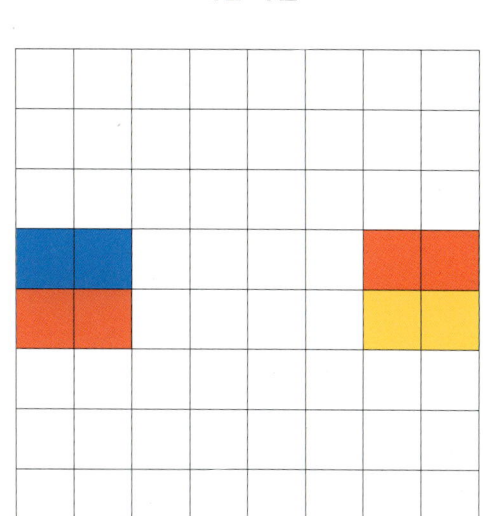

6

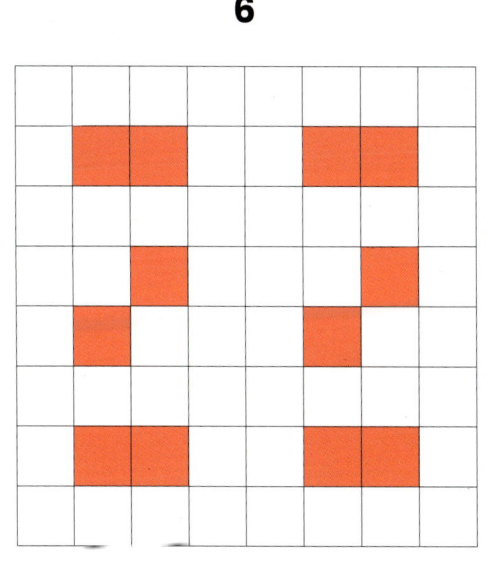

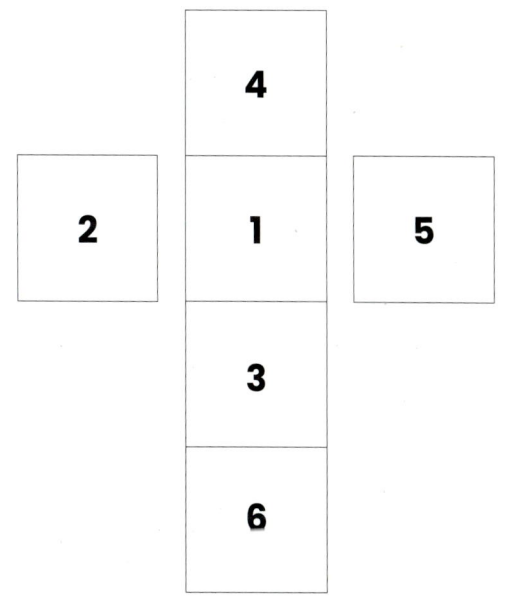

∞∞— 시작하기

00:59 가위를 이용해 가방 바닥(망)을 4×4cm 크기로 잘라 6장을
준비합니다(한 변의 길이는 격자 8칸). 라인을 자르지 않도록 주의하며
뾰족한 모서리를 다듬어줍니다.

∞∞— 망 채우기

02:34 06:14 네모 1칸을 채우는 데에는 돗바늘과 포그니 1.5~1.6m가 필요합니다.

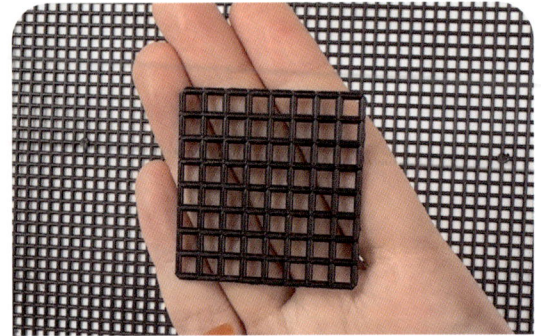

01 4×4cm 망을 준비합니다.

02 돗바늘에 실을 꿰고 끝을 맞춰줍니다(매듭은 짓지 않습니다).

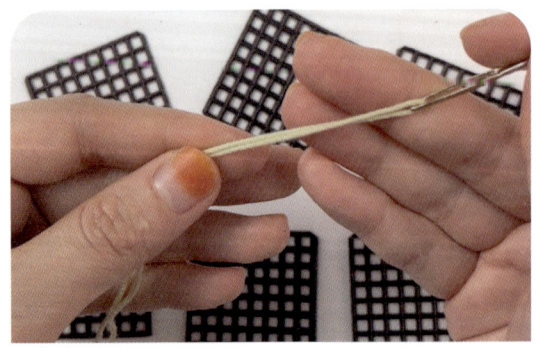

03 돗바늘에 걸린 2가닥을 이용해 망을 채워줍니다.

04 모서리에 바늘을 앞에서 뒤로 통과해줍니다.

05 꼬리실은 안으로 감춰질 거라 왼쪽 엄지로 잘 잡아 고정해줍니다.

06 망을 대각선으로 순서대로 이어줄 건데, 먼저 아래로 2번 칸으로 바늘을 뒤에서 앞으로 통과해줍니다.

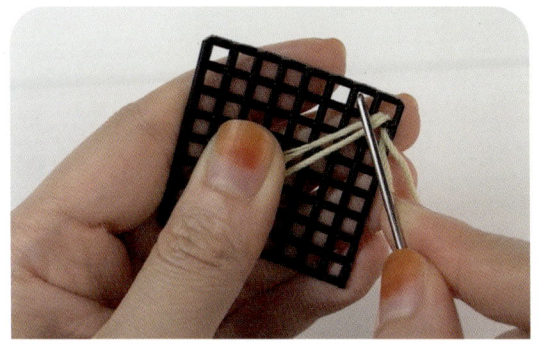

07 왼쪽으로 2번 칸에 앞에서 뒤로 통과해줍니다.

08 아래로 3번 칸에 뒤에서 앞으로 통과해줍니다.

09 왼쪽으로 3번 칸에 앞에서 뒤로 통과해줍니다. 이런 식으로 모든 칸을 연결해 메워줍니다.

10 마지막 모서리 1칸으로 실을 통과한 모습.

11 돗바늘을 실과 망 사이로 통과시켜주고 실은 짧게 자릅니다.

12 완성한 모습. 똑같이 6장을 준비해주세요.

* 실이 너무 헐겁지 않게 살짝 당기며 채워주세요(너무 꽉 당기지 않아도 됩니다).
* 포그니 실은 털이 길어서 자칫 구멍을 놓칠 수 있으니 주의하세요.
* 꼬리실이 감춰진 면은 만져보면 울퉁불퉁한데, 나중에 이 부분이 안쪽으로 가도록 연결합니다.

∞— 점 만들기

09:35 코튼필드와 5호 코바늘을 사용해 주사위의 점을 만들어줍니다.

점 사슬 3, 첫 번째 사슬에 한길긴 3코 모아뜨기, 빼뜨기.

실을 자르고 한 번 묶어서 마무리합니다. 뒷면에서 매듭지어 묶을 수 있도록 양쪽 꼬리실을 10cm가량 길게 남깁니다.

* 원작에서는 숫자 1 대신 메탈 라벨 1개를 붙입니다. 그래서 만들어야 하는 점의 개수는 21개가 아니라 20개입니다.

∞— 숫자 표현하기

14:19 숫자별 도안을 참고하여 숫자를 만듭니다. 영상에서는 숫자 3을 예시로 보여드립니다.

01 꼬리실은 안으로 감춰질 거라 왼쪽 엄지로 잘 잡아 고정해줍니다.

02 도안에 표시된 칸에 바늘을 넣어줍니다. 여기서는 숫자 3을 만들어줄 거라 왼쪽 위 파란색으로 표시된 칸에 바늘을 넣어줬습니다.

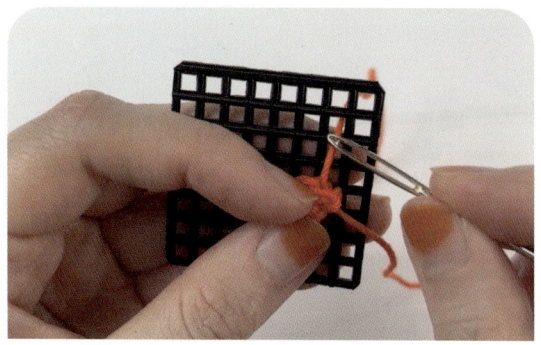

03 실이 통과된 모습.

04 반대쪽 꼬리실에 돗바늘을 꿰어줍니다.

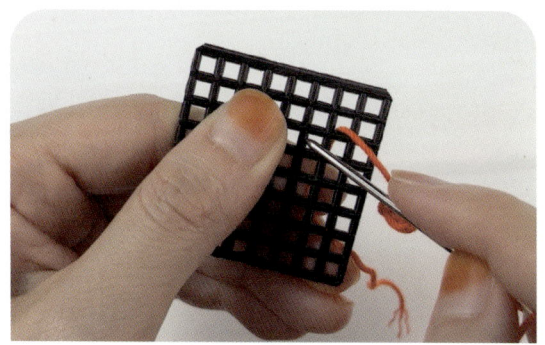

05 도안에 표시된 칸 중 방금 바늘을 넣은 곳 말고 남은 한 곳에 바늘을 넣어줍니다.

06 뒤에서 꼬리실을 2번 정도 매듭지어 줍니다. 단단히 고정되기 원한다면 매듭에 순간접착제를 살짝 발라줍니다.

같은 방식으로 도안에 표시된 숫자를 참고하여 점을 달아줍니다.

∞── 메탈 라벨 달기

19:20 숫자 1을 대신하는 단계입니다.
코튼필드를 20cm씩 4가닥 준비하고 메탈 라벨 양쪽에 2가닥씩 끼웁니다. 숫자 작업과 같은 방식대로 도안대로 실을 넣고 표시된 색상에 맞춰 각각 묶어주세요. 구멍 안으로 코튼필드가 잘 안 들어간다면 실을 얇게 갈라 사용하세요.

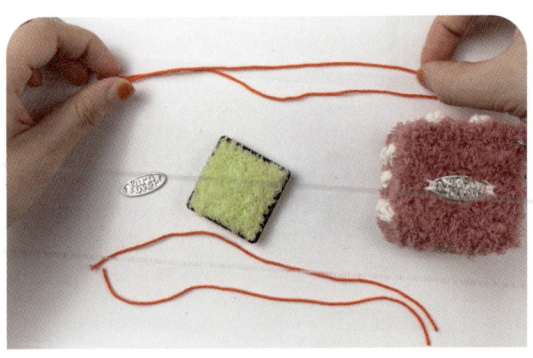

01 실 4가닥을 준비합니다.

02 라벨 구멍 양쪽에 실을 1가닥씩 통과시킵니다.

03 각 구멍에 1가닥씩 더 넣어줘야 하는데 자리가 좁으므로 잘 당겨서 자리를 확보해주세요. 구멍에 2가닥의 실을 통과시킨 모습.

04 라벨을 달고 나면 이런 모양이 나옵니다.

05 도안의 색상에 맞춰 라벨 아래로 나온 1가닥을 빨간색 안쪽 구멍에 넣어줍니다.

06 라벨 아래에 남은 1가닥을 노란색 안쪽 구멍에 넣어줍니다.

07 6번 실과 이어진 라벨 위의 실을 빨간색 바깥쪽 구멍에 넣어줍니다.

08 7번 실과 이어진 라벨 위의 실을 노란색 바깥쪽 구멍에 넣어줍니다. 반대쪽도 동일하게 작업합니다.

각각 매듭을 지어 마무리합니다. 양쪽 밸런스가 잘 맞아야 하니 처음부터 세게 매듭을 묶지 말고 조절해가면서 매듭을 조여주세요. 라벨이 중앙에 위치하고 양쪽 실이 예쁜 V자가 나올 수 있게 조절해주세요.

∞— 연결하기 1

24:41 포그니 60cm를 준비해주세요. 먼저 4, 1, 3, 6을 이어준 다음에 양쪽에 2, 5를 붙여줍니다.

01 6장의 면을 완성한 모습.

02 도안에 맞춰 이어주는데 먼저 4-1-3-6 순서로 길게 이어줍니다.

03 뒷면끼리 만나도록 잡아줍니다.

04 돗바늘에 실을 꿰어 첫 번째 칸을 동시에 통과합니다.

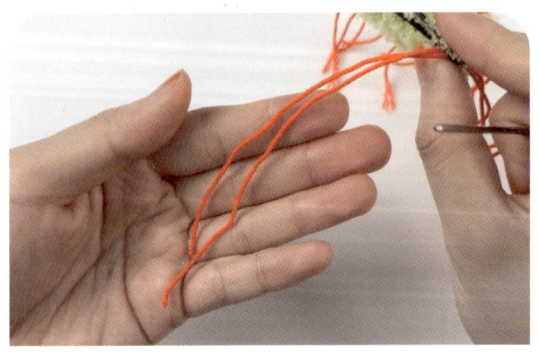

05 꼬리실은 10cm가량 남겨줍니다.

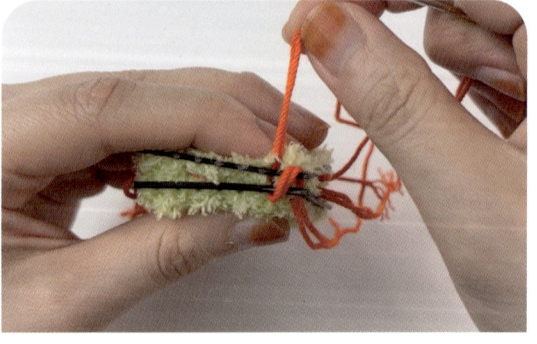

06 두 번째 칸도 동일하게 바늘을 통과합니다. 실을 당겨 실이 망을 감쌀 수 있게 합니다.

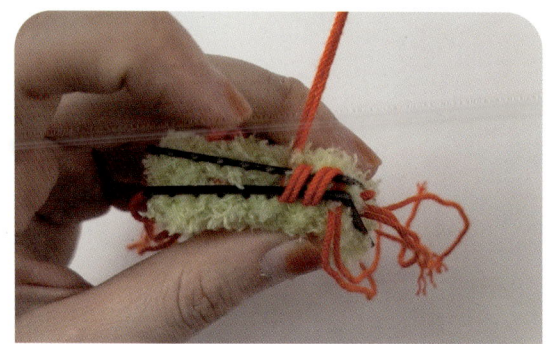

07 이어서 끝까지 연결해줍니다.

08 실을 자르고 양쪽 틈 사이로 실을 통과시켜 뒤에서 묶어줍니다.

이렇게 4-1-3-6을 연결해주고 4와 6을 연결해 입체적인 사각형을 만듭니다.

⚬⚬⚬— 연결하기 2

29:12 2번과 5번은 네 변을 모두 연결해야 하니 포그니를 좀 더 길게 2m 준비해주세요. 메탈 라벨을 사용했다면 라벨 근처에서 시작해주세요.

01 5번과 2번을 뚜껑처럼 덮어서 연결해줍니다.

02 꼬리실을 안쪽으로 잘 갈무리하고 자리를 잡아줍니다.

03 돗바늘에 실을 꿰어 라벨이 달린 면 근처에서부터 시작해서 연결합니다(첫 번째 구멍과 마지막 구멍에는 바늘을 두 번씩 통과하면 빈틈을 더 메울 수 있어 좋습니다).

04 앞에서 한 것과 같은 방식으로 연결한 후 매듭을 지어줍니다.

05 반대쪽 면으로 통과해줍니다.

06 2번도 동일한 방식으로 작업합니다. 다만 마무리에서 O링을 달아줘야 하므로 꼬리실을 길게 20~30cm 정도 남겨주세요.

∞—— **마무리**

01 8mm O링 1개를 실에 끼웁니다.

02 매듭을 2번 지어줍니다.

03 꼬리실을 주사위 안으로 통과시켜 실을 잘라 감춥니다. 이때 마지막 남은 2가닥은 1가닥씩 각각 감춰줍니다.

04 다른 8mm O링을 O링 반지로 벌려줍니다.

05 키링 고리와 주사위에 붙어 있는 O링에 같이 통과한 다음 오므려서 연결합니다.

06 키링 고리가 연결된 모습.

* 모서리 부분에 망의 검정색이 비치는 곳이 있다면 포그니 실로 2~3번 감싸 감춰주세요.

야닝야닝의 힙뜨개

초판 1쇄 인쇄 2024년 9월 13일
초판 1쇄 발행 2024년 9월 20일

지은이 야닝야닝
펴낸이 이경희

펴낸곳 빅피시
출판등록 2021년 4월 6일 제2021-000115호
주소 서울시 마포구 월드컵북로 402, KGIT 19층 1906호

ⓒ 야닝야닝, 2024
ISBN 979-11-94033-27-1 13590

- 인쇄·제작 및 유통상의 파본 도서는 구입하신 서점에서 바꿔드립니다.
- 이 책의 전부 또는 일부 내용을 재사용하려면 반드시 사전에
  저작권자와 빅피시의 서면 동의를 받아야 합니다.
- 빅피시는 여러분의 소중한 원고를 기다립니다. bigfish@thebigfish.kr

포근한 체크 머플러

사용한 실
샤네 울 알파카 오가닉 5볼 (A색 2 + B색 2 + C색 1)

사용한 바늘
모사용 코바늘 7호

완성 크기
폭 17×길이 150cm (프린지 제외)

준비물
돗바늘, 마커, 메탈 리본, 가위, 종이

기본코 쫀쫀한 모헤어 미들라인입니다.
겨드 3가지 세상을 줄 필요도 없어요.
2가지 혹은 4가지 이상이 다양한 배색으로 풍성감이 실용함을 표현해보세요.

NOTE

- 코바늘 1단부터 끝 단까지 총 27단으로 짜고 만듭니다.
- 프린지를 만들지 않는다면 가장자리 1번째 안을 사용하여 끝 단 틀을 약 7~8cm 제외 가동합니다.(프린지에는 약 2~3볼 정도 사용).
- 모헤어 실 특성상 풀 부분이 약간 있으니, 새로 운 동일이론 편 부분 풀을 잡아당김 다음 나이가니 완성 후 세탁을 추천합니다.
- 완성 후 물량과 공간 세세하기를 원하신다면, 드럼 마지막에 있는 세세 차트를 참고하세요.

23:47 프린지를 칙칙칙 잘라요. 원하는 길이로 자르면 되고, 뒤 밑단까지 자르지 않아도 됩니다. 생활에서 일상적으로 사용하는 가드의 경우 뒤 밑단은 묶기고 잘라주었습니다.

마감 ∞——

24:36 사용대로 신체에 묶어 마무리합니다.

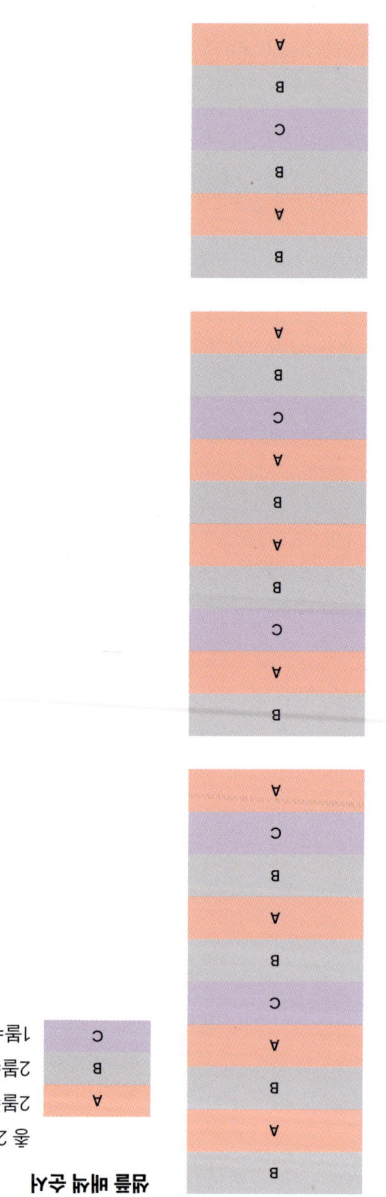

생활 매세지 순서
총 26동
A 2동=10동
B 2동=11동
C 1동=5동

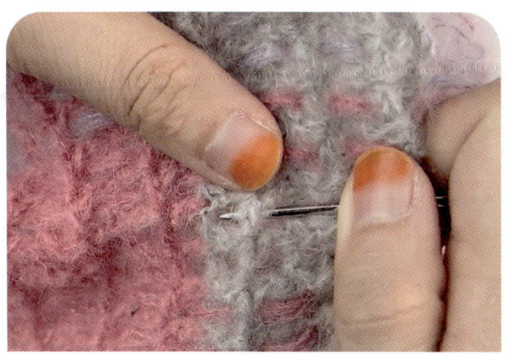

05 돗바늘을 위아래로 움직여 실을 끼워줍니다.

06 단 끝까지 왔다면 시작과 동일하게 두 코의 코머리를 반 코씩 통과합니다. 시작 부분을 잘 잡고 편물을 평평하게 펴줍니다.

21:18 ∞—— **프린지 고정하기**

01 칸 채우기가 끝나면 사진처럼 꼬리실이 나와 있습니다. 이 꼬리실이 프린지가 됩니다.

02 돗바늘에 꼬리실을 꿰어 바로 위 칸의 같은 색 가닥 중앙을 바늘로 찔러줍니다.

03 바늘을 고리 안쪽으로 통과시켜 매듭을 지어줍니다.

04 반대쪽도 동일하게 작업합니다. 다만 머플러 전체 길이가 짧아지지 않도록 잘 매만진 후에 고정해주세요.

∞ 시작하기

03:06 A색 11줄, B색 10줄, C색 5줄을 떠서 총 26줄을 만듭니다. 샘플 작품의 배색 순서를 참고해도 좋고, 취향대로 자유롭게 색을 조합해도 좋습니다.
실 1볼의 바깥에서 1가닥, 안쪽에서 1가닥을 함께 잡고 떠줍니다.

기초사슬을 총 43개 떠주세요. 마지막 사슬 반 코에 마커를 걸어 모서리를 표시합니다. 이 마커는 완성할 때까지 빼지 않아요.

* 전체 공식은 '한 블록당 칸 수x6+1'입니다. 샘플 작품은 한 블록당 7칸이므로 7x6+1로 계산하여 43코를 만들었습니다.
* 꼬리실은 나중에 돗바늘로 정리하기 편하도록 넉넉히 남겨둡니다.

04:42 **1단** 기둥사슬 2(첫 번째 한길긴뜨기 역할),
[사슬 1, 한 코 건너뛰고 한길긴뜨기 1]×21 (총 21칸)

01 기둥사슬 2코를 뜬 후 뒤쪽 반 코에 시작 마커를 달아주세요.

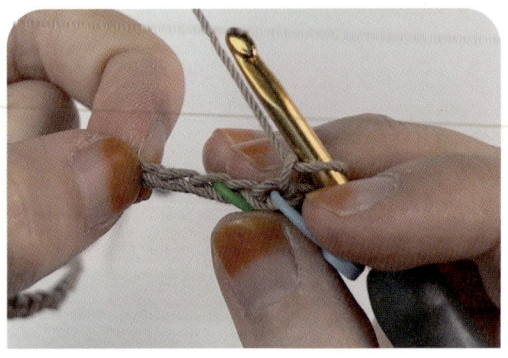

02 첫 한길긴뜨기는 모서리를 표시한 마커에서 2번째 코에 떠줍니다.

03 한길긴뜨기는 사슬 코산에 떠주세요.

실 색을 바꿨다면 다음 색으로 뜨기 시작한 후에 전 색의 실을 적당한 길이로 잘라주세요. 실을 지르기 전 반드시 격자가 21칸이 맞는지 체크하세요. 코를 건너뛰는 실수가 발생했을 수 있습니다.

∞— 머플러 마무리

16:44 6단씩 총 26줄을 만들었으면 마무리 사슬을 하나 뜬 후 실을 적당한 길이로 잘라 마무리합니다. 색을 바꾸면서 생긴 꼬리실도 감춰서 정리해주세요.

∞— 칸 채우기

17:09 7칸씩 나눠서 마커를 표시해줍니다. 1칸당 2m의 실이 4가닥 필요합니다. 컬러별로 7세트씩 준비해주세요.

01 실이 들어갈 부분을 마커로 표시합니다.

02 돗바늘에 준비해둔 실을 꿰어 끼울 코머리 앞쪽 반 코에 돗바늘을 통과합니다.

03 엄지로 실을 잘 잡고 바로 옆 코머리의 반 코에 다시 통과합니다.

04 바늘이 코 2개를 통과했습니다.

08:52 **2단(반복)** 기둥사슬 2(첫 번째 한길긴뜨기 역할), [사슬 1, 한 코 건너뛰고 한길긴뜨기]×21 (총 21칸)

* 각 한길긴뜨기는 전 단의 한길긴뜨기 위에 떠줍니다.

2단을 색마다 6단씩 반복하며, 총 26줄의 컬러 블록을 만듭니다.

∞── 실 색 바꾸기

11:43 6단의 마지막 한길긴뜨기에서 새 실을 걸어서 새로운 실로 다음 단을 시작합니다.

01 마지막 한길긴뜨기를 반만 떠줍니다.

02 새 실을 가져와 바늘에 원래 걸려 있던 2가닥을 한꺼번에 통과합니다.

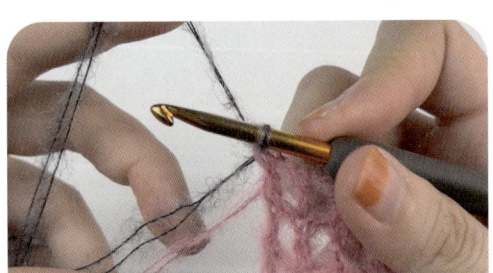

03 바늘에는 바꿀 색의 실이 걸리고 각 색의 꼬리실이 사진처럼 나와 있습니다.

04 마지막 한길긴뜨기를 반만 떠줍니다.

05 바늘에 실을 걸고 꼬리실과 원래 걸려 있던 코를 한꺼번에 통과해 사슬을 1개 떠줍니다.

06 사슬을 1개 더 뜨고 첫 코에 시작 마커를 건 다음 편물을 돌려줍니다. 다음 단을 이어서 떠줍니다.